JN009467

音楽とは、逆説的に思えるかもしれないが、思考の結果としてやってきたものである。どこまでも経験にもとづいて、つまり〝態度（attitude）〟とか、〝立場（stance）〟として、完成された思考の結果なのである。

リロイ・ジョーンズ（アミリ・バラカ）
『ブルース・ピープル』（飯野友幸訳）１９６３年

CONTENTS

cover photo : Chris Sikich

2020年7月4日独立記念日、ワシントン。Black Lives Matter Plazaの前で抗議する人たち。写真：ロイター/アフロ

１９７０年９月５日、フィラデルフィア。テンプル大学のホールにて、ブラックパンサー党とコブシを挙げるその防衛相ヒューイ・Ｐ・ニュートン（１９６６年、ボビー・シールとともに党を結成したメンバー）。このときホールの外には６千人の人びとがいたと言われている。なお、ニュートンは１９８９年８月にギャングに射殺されている。写真：ロイター／アフロ

GREG TATE

グレッグ・テイト

ブラック・カルチャーを読み解く

批評家グレッグ・テイトが語る

BLM、ヒップホップ、デトロイト・テクノ

取材＝野田努 by Tsutomu Noda 通訳＝魚住洋子

ヒップホップはブラック・ミュージックのように、これまでもそしてこれからも、つねに世代や人びとの意識の、時代精神なるもののもっとも綿密な裁決者である。

――グレッグ・テイト『Flyboy2』序文より

ほんの数年前の日本でもジャズを音符で説明したり、形式音楽学的に分析することが流行ったようだが、そうした、かつてのアメリカ白人教養人が試みたような分析をしたところで、あんたらは黒人音楽の何も理解できないだろうと一刀両断したのが、〈ブラック・ミュージック〉なる言葉を能動的に使用した黒人の音楽評論家、リロイ・ジョーンズ（のちにアミリ・バラカと変名）だった。彼は、「ジャズ（ないしはブルース）を生むにいたった態度を理解すること」こそが黒人音楽への批評的理解であるという主張を曲げなかったし、結果そのことが、黒人音楽を通じて社会や思想を語るといった開かれた批評を発展させている。（私見では、彼の１９６３年の名著という言葉すら軽い決定的な著書『ブルース・ピープル』は、のちのロック評論にも影響を与えている）

グレッグ・テイトは、故アミリ・バラカの影響下で批評活動をしている黒人で、サイモン・レイノルズからポール・ギルロイまで欧州の批評家からも一目置かれている、簡単に言えば、今日もっとも支持されているライターである（かつては〝ヒップホップ・ジャーナリストのゴッドファーザー〟とも呼ばれた）彼の話をこの機会に訊けたことは今回の特集において大きい成果のひとつだった。

――BlackLivesMatterをどう評価しているかをお聞かせ下さい。この運動の何が新しく、どんなところに期待できるのかなど。

GT　ジョージ・フロイドに対する正義などすでにいくつか驚くべき結果を出しているし、国内の黒人コミュニティだけではなく、異文化を超えてアメリカの白人至上主義の歴史に対するいままでにはなかったリアクションを得ている。ジョージ・フロイドの殺人の動画は（ナチスの）強制収容所の映像のようなインパクトを人びとに与え、それが各機関でも問題提起の起爆剤になったことを僕は良いと思っている。いままで黒人の間では何十年にもわたり訴えてきた人種差別が突如、白人の間でも反応されるようになった。これは第一段階と言えるだろう。

ジョージ・フロイドの事件がなければ、このように警察が批判されることもなかった。警察の予算削減、非軍備化など、ごく一部のプログレッシヴなグループを除けば、6週間前までは考えられなかったことだ。ＢＬＭは確実に若い世代の新しいムーヴメントだ。過去のブラックパワー・ムーヴメントを継承して自分たちのムーヴメントを作り上げた。

結局のところいまプロテストに参加している人たちはブラックパンサーやアンジェラ・デイヴィス、マルコムXやキング牧師といった人たちの子供や孫の世代で、差別と戦ってきた過去の歴史を理解している。いま突発的に生まれてきたわけではない

ＢＬＭが対抗している相手は非常に大きい、法的な組織だ。いままで黒人に対する警察の暴力が表沙汰になったとしても、奴隷制が合法だったように、法的に違法が認められたことはなかった。あるいは途中で取り下げられて裁判まで到達することはなかった。今回は大統領選が控えている。僕のまわりはみんなトランプを排除したいと思っているが、選挙の結果はトランプの動き次第でもある。今回のパンデミックでの失策はトランプ支持者のコアのベースまで届いている。医療崩壊しているし、とくにアメリカ南部はコロナウィルスの大きな影響を受けている。そして6週間前まではＢＬＭをテロリスト集団だと思っていたような人たちでさえもいまは人間性救済の団体だと理解するようになった。アメリカのモラルは気まぐれな性質を持っているが、ＢＬＭのサイトに行くとわかるように、いま国内でもっともきちんと組織化された市民権運動団体と言えるだろう。地方、国家の政治における変化に関して今後5年間の計画をきちんと立てている。最悪トランプが再選されることも予想に入れて。彼らは短期間ではなく長い戦いに備えている。いまはＢＬＭがシンボルになって注目を浴び、大々的に持ち上げられているが、長い時間をかけていま聞く耳、心を持った人たちを巻き込みシステムを根本から変えていくように目標を掲げている。セクシーというよりは長丁場だ。

――かつてギル・スコット・ヘロンは、「革命はＴＶに映らない（Revolution Will Not Be Televised）」と言いました。

GT　思うに、ギル・スコット・ヘロンは「革命」をシニカルに表現していた。70年代から「革命」はすでにキャッチフレーズやスローガンを掲げて商品化していたし、黒人の間でもコマーシャライゼーションのなかで自分たちのアイデンティティを見出す人たちもいた。そしてまた、メディアは革命的な瞬間に協力もすれば排除もする。ギルはそうしたことをシニカルに描写していたのだろう。

いまのＢＬＭに関しては若い人たちがメディアをうまく利用して、ブラックパンサーが実現できなかったリアルタイムに真実を伝えることを可能にしている。例えばプロテストの最中に外部者が紛れ込んで邪魔をしたり、略奪など別の方向へと持っていこうとしても、それが自分たちの仲間ではないことを映像などによって証明できている。プロテストの期間が長くなればなるほど、実際には警察、白人至上主義者や保守的思想の人たちの方が暴力を振るっていることが明らかになっている。ジョージ・フロイドの映像が広まって以来、メディアとソーシャル・メディアの力によって革命を引き起こしていると思う。

——黒人文化を考えるときに、世界史のなかのアメリカというパースペクティヴをもって見なければならないと思っているのですが、いかがでしょうか。

GT　その通りだと思う。黒人の闘争や苦労は世界的な観点で言えば、本当に初めから存在した。〝初め〟というのは帝国主義、資本主義、植民地主義に対する組織化した反抗という意味で、僕はハイチ革命（18世紀末～19世紀初頭）が最初だと思っている。フランス、アメリカ、スペインに対抗して国を解放しようとした。それは他のカリブ諸国やアメリカに影響を与えたし、帝国主義も揺さぶった。１８４０年ごろには奴隷または奴隷制廃止後の黒人によるアフリカ回帰、アフリカを祖国とする考えが存在した。廃止論者のなかには実際にシオラリオーネ（いまのリベリア）に旅をして、祖国へ戻りたい人たちに土地を与えるように交渉した人たちもいる。だから解放思想はグローバルだった。アラブやギリシャなどアメリカ以外での奴隷制にも目を向けなくてはならない。

20世紀に入ってからはパン・アフリカニズムが起きて、それは世界中の黒人の戦いとリンクする。また50年代からはじまったＡＮＣ（アフリカ国家議会）へのサポートなどアメリ

『To Pimp A Butterfly』はまるでジャズ・フージョンのアルバムのようでもある。『Bitches Brew』がヒップホップに与えた影響のように、このアルバムは完璧に構成されている。

カ黒人によるアフリカ国家解放の運動もある。それは音楽を通しても展開され、ランディ・ウェストンやマックス・ローチが「Tears For Johannesburg（ヨハネスブルグの涙）」（1961年）を作曲し、広めている。これは、70年代の反アパルトヘイト運動の先駆けとも言えるだろう。そして、モザンビークやアンゴラなどを解放した反植民地主義への動きとつながっていく。アメリカ国内の市民権運動で積極的に活動していた人たちは同時にアフリカでの解放運動にも関わっていたんだよ。

それは現在のプロテストにも繋がっている。結局のところいまプロテストに参加している人たちはブラックパンサーやアンジェラ・デイヴィス、マルコムXやキング牧師といった人たちの子供や孫の世代で、差別と戦ってきた過去の歴史を理解している。いま突発的に生まれてきたわけではないし、と同時にBLMの思想を掲げている人たちはローカルであり、地方の運動が巨大化しているとも言える。

――あなたは「ホワット・イズ・ヒップホップ」というエッセーのなかで、「ヒップホップは反対の資本主義（Hip-hop is inverse capitalism）」という言葉を使っています。これは何を意味しているのでしょう?

GT　資本主義とは人間の労働力を含むあらゆる資本を利益を得るためにコントロールすることを目標としている。可能な限りのものを所有し、そこから利益を生む。ヒップホップは現代のテクノロジーの資源を利用して、録音された音という文化的な資産をサンプリングを通して素材として使用し、新しいカルチャー、新しい富を作り出す。つまり資本主義のフォーマットを模倣しつつ、それを自分たち独自のカルチャーに当てはめている。

黒人音楽は膨大なまでに音楽業界に利用されてきている。それはリソースとして所有物となってきた。ヒップホップは、サンプリングによってすでに業界に所有されているものをゲリラ的に使用して、新しいカルチャー、新しい富を黒人社会にもたらした。それが

「Hip-hop is inverse capitalism（ヒップホップは反対の資本主義）」という意味だ。

――歴史的コンテキストにおいて、ギャングスタ・ラップの意味を説明していただけますか？

GT 西海岸から発祥したギャングスタ・ラップの「ギャングスタ」とは、70年代の黒人コミュニティ、とくにＬＡサウス・セントラルのギャングからきている。彼らは60年代に白人が大多数の地区へ移り住んできた黒人による自衛集団だった。当初は白人からの攻撃に対する自衛だったが、やがてそのなかから小さな犯罪を犯す集団が出てくる。それがブラックパンサーによりラディカライズされていく。ブラックパンサーがＦＢＩ、政府によって解散に追い込まれた後、そういった集団は自分たちの武器に頼るしかなくなり、犯罪に手を染める者も増えていく。と同時に、彼らはコミュニティのカルチャーを代表する存在にもなっていく。そしてそのカルチャーは刑務所へとつながっていく。多くのメンバーが犯罪の結果刑務所に入ることになるからね。

犯罪と黒人カルチャーに関して、ロス・アンジェルスは独特のものがあって、刑務所内で元ブラックパンサーのメンバーと出会って、自分たちがどこからきて、何者なのかという思想が引き継がれることになる。同時にクラック（麻薬）がビジネスとしてコミュニティに入ってきて、ギャングは真の犯罪組織へと発展していく。クラックがアメリカ政府によって、レーガンの時代にわざと黒人コミュニティに広められたのは事実だ。エルサルバドル、ニカラグアなどとの戦争資金をあげるために。ウェストコーストのギャングスタは非常に複雑な成り立ちと構成だ。

ＮＷＡに関していうと、彼らの代表曲〝Straight Out Of Compton〟や〝Fuck The Police〟、そして〝Gangsta Gangsta〟に彼らの二面性が表れている。一方でコミュニティに被害をもたらすギャングの悪事を賛美するような内容のラップを作りながら、もう一方で警察、裁

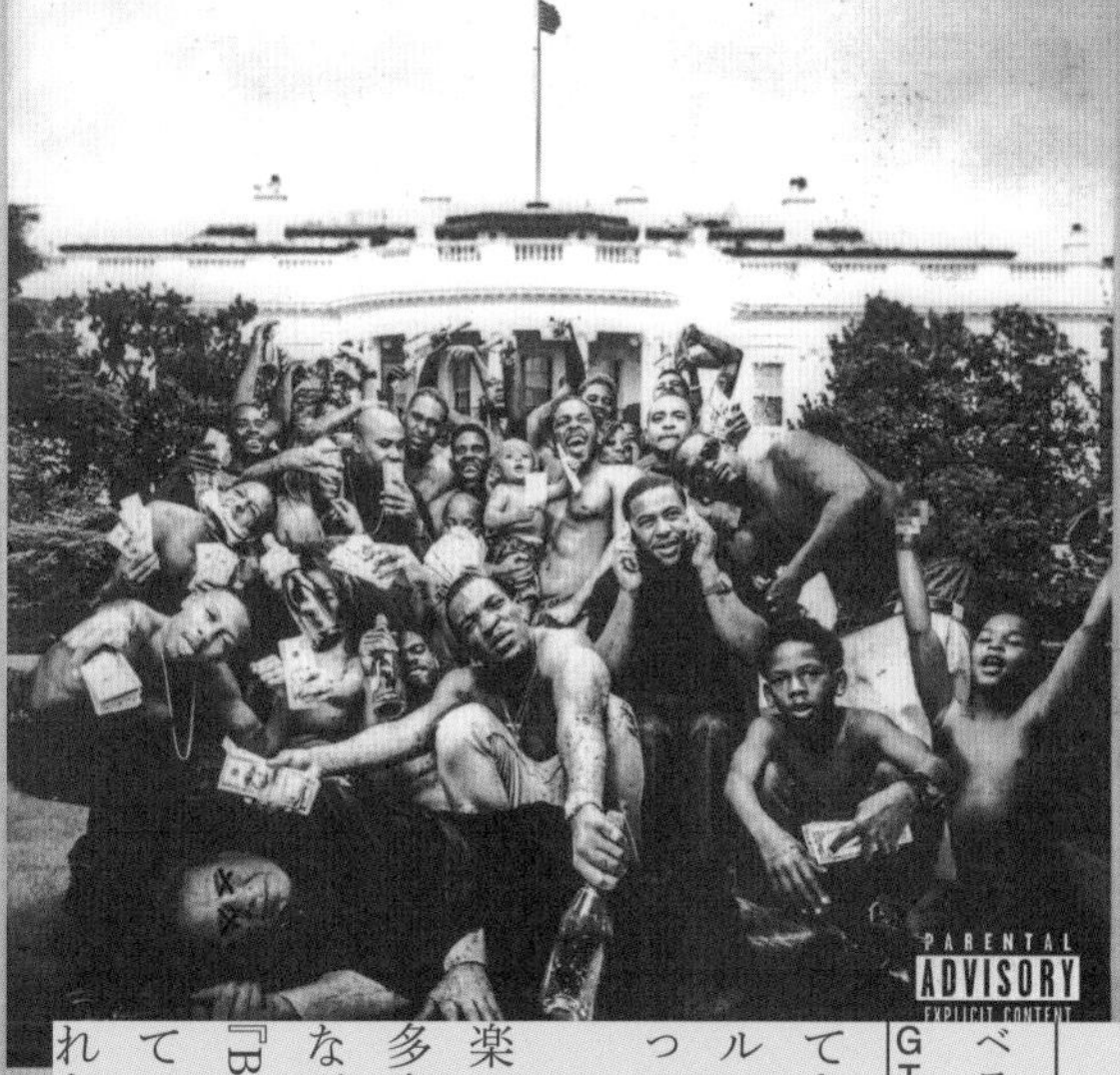

判官、判事などによりコミュニティが迫害を受けている様子を描写している。ギャングであろうとなかろうと黒人であることが犯罪であるかのような状況がアメリカには存在する。奴隷制以降黒人について回るスティグマとステレオタイプ化は黒人コミュニティ全体を犯罪者扱いするかのようだ。ＮＷＡは先に述べたふたつの観点を同時に表現しており、状況からストーリーを語り、その内容から結果的にギャングスタ・ラップと呼ばれるようになるが、その表現はＮＷＡが自分たちで作ったものではない。ジャンルとしてのひとつの歴史と意味があり、それは否定しようがないがね。アメリカ黒人の複雑な歴史を語ろうとする手段のひとつだ。

２０１０年代の黒人音楽のアルバム１枚選ぶとしたら、『To Pimp A Butterfly』（本誌２０１５年度ベスト・アルバム１位）でいいでしょうか？

GT 面白い話がある。『Rolling Stone』誌が『To Pimp A Butterfly』のレヴューを依頼してきたのだが、彼らとは15年くらい仕事をしていなかった。なぜ急に、と思っていたら「アルバムの内容があまりにも黒いので白人の批評では信用がおけない」ということで僕に回ってきたということだった（笑）。

１枚選ぶとしたら『To Pimp A Butterfly』で良いと思う。歌詞の内容だけではなくて音楽のエステティックも素晴らしい。あのアルバムは、黒人ジャズ・アーティストの影響を多大に受けている。テレス・マーティン、ロバート・グラスパー、カマシ・ワシントンなどのね。『To Pimp A Butterfly』はまるでジャズ・フージョンのアルバムのようでもある。『Bitches Brew』がヒップホップに与えた影響のように、このアルバムは完璧に構成されている。歌詞、曲、メッセージ、すべてが素晴らしい。丸腰の黒人が警察によって殺害された初期のリアクションとしても、アルバムのすべての要素が一貫したメッセージを訴え

ている。2010年代における傑作としては、完成度の高さとリアクションの広がりを考えると妥当だね。

もう1枚挙げるとしたらビヨンセの『Lemonade』（本誌2016年度ベスト・アルバム2位）。CDとしてもだがヴィジュアル・アルバムとしてのインパクトは大きかった。黒人女性としての訴えを世界中に知らしめた。『To Pimp A Butterfly』と『Lemonade』が黒人ポップ・アーティストとしてはもっともパワフルな作品だと思う。

ふたりともアルバム・リリースの際にヴィジュアル的に訴えかけるものがある。たとえばビヨンセはスーパーボールのハーフタイム・ショウでブラックパンサーをテーマにしたダンスを披露した。彼らのステージでのパフォーマンスも含め存在自体が文化として革命的だ。スペクタクルを繰り広げることでみんなの興味を引くことも心得ている。

――デトロイト・テクノがなぜ重要か、あなたの言葉で説明して欲しい。

GT　まずは個人的に、ヨーロッパでいかにデトロイト・テクノがパワフルかを目の当たりにした。1999年ごろベルリンでコンフェランスがあり、その当時はまだアフロフューチャリズムという言葉はいまほど使われていなかったが、そういった内容がテーマだった。コジュウォ・エシュン（P110参照）やポール・ギルロイなどその分野の専門家がイギリスから集まって黒人カルチャーと政治の関連性やラディカルでフューチャリスティックな思想に関して話し合った。サン・ラ・アーケストラも参加していたよ。

で、その会議の休憩時間に旧東ベルリンの議会だった会場の向かいのレコード店に行った。そこには等身大のジェフ・ミルズのハリボテが祀られてあって、店のオーナーが「先週ジェフ・ミルズが店に来た」と興奮して語ってくれた。その時にデトロイトで生まれた音楽がベルリンで若者に多大な影響を与えていることを知ったんだ。

デトロイト・テクノが重要なのは、黒人カルチャーの自立を示したことにもある。60〜70年代にフリー・ジャズのムーヴメントがあったように、アーティストが自分たちの運命を自分で決めることをデトロイト・テクノは体現してきた。自分たち自身で、レーベルやヴェニューを起こし、自分たちのスタイルを作り上げる。

デトロイト・テクノが重要なのは、黒人カルチャーの自立を示したことにもある。60〜70年代にフリー・ジャズのムーヴメントがあったように、アーティストが自分たちの運命を自分で決めることをデトロイト・テクノは体現してきた。自分たち自身で、レーベルやヴェニューを起こし、自分たちのスタイルを作り上げる。ヒップホップも同じような道を辿っている。最初の10年はインディ・レーベルが中心で自分たちの信じるアルバムをリリースしてきた。

デトロイト・テクノはシカゴ・ハウスとも深くつながっているが、そのほかにもブレイクビート・カルチャーにも貢献している。サンプリング、ルーピング、ＭＩＤＩなどテクノロジーを使っての曲作りは、ベッドルームからの音楽が世界的なインパクトを与えることができることを証明した。そしてまた、デトロイト・テクノはそれ以前の音楽すべてから影響を受けている。モータウン、Ｐファンク、プリンス、クラフトワークなどなど。そういったアーティストの音楽を模範にしながら独特のスタイルとミステリーを作り上げた。ミステリーのもっとも良い例はドレクシアだろう。ドレクシアは音楽に興味のない人たちにも大きく影響を与えている。フューチャリスティックでありつつ歴史に基づいた態度で、黒人の歴史や精神性、謎、闘争を語っている。

さらにデトロイト・テクノは、限られた黒人コミュニティの地域から世界的な文化として広がった例だろう。多くの人に、音楽を伝えるのに巨大なエンターテインメント産業の歯車のひとつになる必要はないという前例を示した功績も偉大だ。

――あなたはどうして音楽を批評的に聴いて、音楽を通して社会や思想を考えるようになったのでしょうか?

GT――15歳ごろ、僕はマーベルコミックに入れ込んでいて、自分でもコミックを描いたり

していた。自分の考えたストーリーで、未来から来たトランペット・プレイヤーが人びとの意識をコントロールするというようなプロットを思いついて、そのプレイヤーが未来のクリスタル・タワーが建つ都市でプレイする図柄を考えていた。そこで図書館に行って音楽に関する本をかたっぱしから読んだ。音響学に関するものから雑誌の『Rolling Stone』から、そしてリロイ・ジョーンズ（アミリ・バラカ）の『ブラック・ミュージック』にたどり着いた。その本を読んでからというもの、僕はコミックを止めて、もっぱらジャズのアルバムを収集するようになった。彼が本で触れているアーティストが僕のスーパー・ヒーローになったからだ。オーネット・コールマン、サン・ラ、ジョン・コルトレーン、ファラオ・サンダース、ウェイン・ショーター、ドン・チェリー、アーチー・シェップ……。

　バラカの本は適切で、友人は読んだだけで音が想像できると言っていたが、たしかに音を聴くと彼が表現していた通りのものだった。それが僕の10代で、音楽を批評的に聴くことを覚えた。

　大学に進んでからミュージック・ジャーナリズムを学んで、学校のニュースなどで音楽批評を書いたりしていた。数年後、『ヴィレッジ・ヴォイス』の編集者から音楽セクションを担当する誘いがあり、それが僕のキャリアのはじまりだった。23歳からはじめて27歳で正社員になって、18～19年『ヴィレッジ・ヴォイス』に勤めた。

――最後に、あなたの評論を集めた『Flyboy』という本の書名、「Flyboy」の意味を教えて下さい。

GT　黒人コミュニティの俗語で「Fly in the buttermilk（ミルクの中のハエ）」という表現があって、白人社会の中にいるひとり（あるいは少数）の黒人という意味だ。例えばハーバードとかイェール大学のようなアイビーリーグの白人がほとんどの学校にひとり黒人がいるとか、そういったシチュエーションで使う。また、「Flyboy」という言葉にはヒップスタ

「ブラック・ミュージック」という
言葉を定着させた重要な1冊。

ーとかダンディといった黒人コミュニティにおけるクールな奴という意味もある。「Super Fly」という他のヴァリエーションがあるようにね。バスキアに関する記事を書いたときに、彼がまさしく当てはまると思った。当時白人が独占するアート界において、彼は「Flyboy」だった。

（6月25日、ZOOMにて）

Greg Tate
ライター、ミュージシャン。1987年から2004まで『The Village Voice』で記事を書く。また、彼の文化と政治への言及は『The New York Times』や『The Washington Post』、『Artforum』などでも読める。エッセー集『Flyboy in The Buttermilk』、ジミ・ヘンドリックスの黒人性とセクシャリティーを分析する『Midnight Lightning:Jimi Hendrix and The Black Experience』、白人が語る黒人文化をテーマにした『Everything But The Burden—What White People Are Taking From Black Culture』など。近著には『Flyboy 2』がある。また、彼は即興バンドのBurnt Sugar The Arkestra Chamberのメンバー（指揮者）として音楽活動も続けており、17枚のアルバムを発表している。

ビヨンセ——そのラディカリズムを解説する

文＝ジェイムズ・ハッドフィールド　by James Hadfield
訳＝五井健太郎

BEYONCÉ BEYONCÉ BEYONCÉ

(1981~)

2018年、ヘッドライナーとして出演したコーチェラ・フェスティヴァルでの驚異的なパフォーマンスのなかで、ビヨンセは自身の曲〝ドランク・イン・ラヴ〟を一時停止し、ニーナ・シモンの〝ライラック・ワイン〟を流して、二人のダンサーにその曲にあわせたパフォーマンスを披露させている。なかなか気の利いた展開だが——ようするに酩酊状態を讃える曲どうしが混ぜあわされているわけだ——、しかし両者の繋がりは、表面的な部分を超えて広がるものだった。黒人文化のさまざまな側面にたいする暗示に満ちたこのときのステージのなかで、その歌声によって公民権運動時代の定義に一役買った歌手にたいして敬意が示されたことは、たんなる思いつきのレヴェルにとどまるものではなかったのである。

ビヨンセが2010年代においてもっとも重要なポップ・スターだったことはまったく明白な事実であり、議論の必要のないことだろう。だがもしブラック・ライヴス・マターが起きていなかったら、彼女はそこまで大きな存在になっていただろうか。2013年のスーパー・ボウルのハーフタイムにおける彼女のパフォーマンスは、アーティストとしての自分自身の存在を讃えるようなものだった。だが2016年、同じイヴェントに戻ってきた彼女が、コールド・プレイのステージにあらわれ、ブラックパンサーの衣装に身を包み、ブラック・パワー・サリュート（片方の拳を高く突きあげ人種主義にたいする反意を示す、公民権運動時代以来の示威行動のひとつ）をした女性ダンサーを引きつれて「フォーメーション」を歌ったとき、そこで問題になっていたのはあきらかに、彼女自身のことを超えたものだった。

今年の6月19日《ジューンティーンス》——合衆国における奴隷制の終わりを記念する祝日——を祝うためにリリースされた新曲〝ブラック・パレード〟のなかで彼女は、「拳を突きあげ、黒人の愛を見せつけて

James Hadfield
イギリス生まれ。2002年から日本在住。おもに日本の音楽と映画について書いている。『The Japan Times』、『The Wire』のレギュラー執筆者。

やろう」と歌っている。ジョージ・フロイドのための抗議にたいするビヨンセからの応答であるこの曲は、黒人性にたいする賛歌であり、希望にあふれつつ、挑戦的で、祝祭的な曲だ。曲にあわせて自身のウェブサイトに掲載された声明からは、無垢さと扇動性というひじょうにビヨンセらしい組みあわせが伝わってくる。「黒人でいることがあなたのアクティヴィズムです。黒人の卓越性はひとつの抗議の形式です。黒人の喜びはあなたの権利なんです」

　かつてニーナ・シモンが、「時代を反映せずにいったいどうやってアーティストでいることができるって言うの?」と述べたのとおりである。

　ディスティニー・チャイルドとして初の全米ナンバー1を獲得してから20年が経ち、彼女の名声はいまや、自分自身でそれを完全にコントロールできるような高みにまで達している。この10年の彼女は、同時代の文化を利用《キャピタライズ》すると同時に、それをより力強いものにするようなかたちで、自らの影響力を行使してきた。いまではもう過去の話だが、黒人アーティストたちは――マイケル・ジャクソンやホイットニー・ヒューストンがそうしたように――、より広い（つまりより白い）オーディエンスのために、自分自身を去勢することを期待されたものだ。だがビヨンセは、それとは逆の方向へと突き進んでいき、黒人としての経験をだんだんと自らの活動の中心に位置づけていった。

　こうした点は、彼女の２０１６年のアルバム『レモネード』と、ヨルバ族の伝統やその宗教的な象徴から、ジュリー・ダッシュ（Julie Dash）の『ドーターズ・オブ・ザ・ダスト（Daughters of the Dust）』にいたるまでの影響が折りこまれた、同作付属の豪華な映像集のなかにはっきりと示されている。この「ヴィジュアル・アルバム」のさしあたりの主題は、浮気をしていたのだというジェイ・Zとの結婚生活をあらためて軌道に乗せることだといえるが、しかしその歌詞とイメージは同時に、黒人に――とくに黒人女性に――力を与えることをめぐる、より射程の広い物語を語っている。

　ビヨンセの音楽のなかにあるのは、ニーナ・シモンの音楽のなかで波のようにさざめいている怒りと同じ種類のものではないかもしれないが、しかしそれは、ニーナ・シモンの音楽から感じられる、とくに黒人女性にむけて、黒人女性のために歌われているという印象を共有している。じっさい彼女は『レモネード』のなかで、「アメリカでもっとも軽視されているのは黒人女性である」というマルコムXの言葉をサンプリングし、この印象をより確かなものにしている。

このマルコムXの引用は、２０１８年のコーチェラでのパフォーマンスのなかでも繰りかえされた。つまりビヨンセはそのとき、オーディエンスの白人の多さで悪名高いそのフェスの舞台に立ったうえで、あきらかに**彼らのためではない**パフォーマンスを見せつけたわけである。純粋に技術的なレヴェルで見るなら、膨大な量のダンサーやミュージシャンを指揮して作りあげられていたこのときのパフォーマンスは、瞠目するべき完成度を誇るものだった。とはいえそれは、たんに華美なだけのものだったわけではない。マーチング・バンドやチアリーダー、そしてビヨンセ自身が組織する架空の女子学生団体《ソロリティ》である「ベータ・デルタ・カッパ」が脇を固めたこのショーはそもそも、歴史的黒人大学（公民権法によって分離教育が禁止される以前に、黒人のための高等教育を理念として設立された、黒人学生のための大学群）の伝統を讃えるものとして構想されたものだった。またその音楽的なレファレンスはかつてないほど広く、レゲエ、フェラ・クティ、南部《サウス》のヒップホップだけでなく、非公式の黒人たちの国歌として知られる「すべての声と歌を高らかに《リフト・エヴリ・ヴォイス・アンド・シング》」までもが織りこまれていた。

ジョン・カラマニカが『ニューヨーク・タイムズ』のなかで書いたとおり、そのパフォーマンスは、「アメリカのミュージシャンによってこれほど意義深く、人を夢中にさせ、力強く、ラディカルなパフォーマンスがなされることは、今後しばらくは起こりえないだろう」といえるものだった。

だが人によってはいまだに、彼女のそうした〝ラディカル〟な部分を認めるのに消極的なままである。それどころか、ビヨンセがだんだんと黒人性を前景化させているのはたんなる日和見主義であり、目下の時代の気運を摑んで、それを自分というブランドのなかに吸収しようとしているだけなのだと信じこませようとしてくる者たちも存在している。じっさい彼女の音楽やその歌詞、あるいは映像のなかで使われる象徴は、多くの場合、公の場でのより慎重な彼女の発言とは対照をなすものだ。また、肌の色を薄くしたとか鼻を整形したというような噂がもう何年も付きまとっている人物が、〝フォーメーション〟（「ニグロっぽい自分の鼻が好き、ジャクソン5みたいな鼻の穴でしょ」）や〝ブラウン・スキンド・ガール〟といった曲のなかで、黒人的な美しさを讃えているのを聞くのは、たしかに皮肉なことではある。

私はいまこの文章を、契約金１００億とも噂されるディズニーとの契約の最初の成果であるビヨンセの最新作、『ブラック・イズ・キング』が配信される前に書いている。この新たなヴィジュアル・アルバムが、なくもがなといった出来だった、去年公開のリメイク版『ライオン・キング』のスピンオフ作品だということを考えると、あまり期待はできそうにないのだが、とはいえ予告編を見るかぎり興味をそそるものではあり、ミュージック・ヴィデオとアフロフューチャリズム的なアート映画という性格を兼ねそなえたもののようである。

これまでのところずっと、ビヨンセによるアフリカの象徴の用い方は、雑多な寄せあつめといわざるをえないものだった。それはあまりにも広い共通の文化的遺産を暗示するものであり、実際にアフリカ大陸に住んでいる人びとよりも、アフリカのディアスポラたちの共感を呼ぶだろうものだ。だが、とんでもないスーパースターには、そんな背伸びよりもさらに厄介なことが可能なのである。ルイス・ファラカン（黒人新宗教運動ネーション・オブ・イスラムの現在の指導者。黒人至上主義的で分離主義的な傾向が指摘される）が喜びそうなタイトルの冠されたプロジェクトのためにディズニーに資金を出させるなかで、またしても彼女はいま、メインストリームなもののなかにラディカルなアイデアを忍びこませようとしているのだ。それが黒人の喜びを表現するようなものなら、私はそれを受けいれるつもりだ。

50 BLACK MUSIC ALBUMS IN 2010'S

2010年代の黒人音楽50枚

選・文＝三田格　by Itaru W. Mita

２０１０年代のブラック・ミュージックはファーガソン事件を境に一変してしまった。賛否はあるだろうけれど、オバマ時代に羽を広げた感性は素直に受け入れる価値があるものも少なからずあり、とくに「女性はビッチではない」という価値観を大衆に届けたニッキー・ミナージュやエスペランザ・スポールディングの活躍は大きな意義を持っていた。フライング・ロータスやロバート・グラスパーが自由に発想し、カニエ・ウエストやジー・サティスファクションが「黒人らしからぬ」領域に踏み入って行けたのもそうした気運と無関係ではないだろう。しかし、ファーガソン事件はレーガン政権以降、黒人と白人の人口構成比が逆転し、以前よりも貧困化した地域すべてに当てはまる「体質」を可視化し、歴史の積み重ねを掘り起こさざるを得ない契機となった。ブラック・ミュージックには怒りと悲しみが走り、僕らは「名曲」の数々を耳にすることになる。ディアンジェロ、ケンドリック・ラマー、ヴィンス・ステイプルズ、フランク・オーシャン、ビヨンセ、ソランジュ、ザ・ゲーム、リック・ロス……もっといることだろう。後世の研究家は材料に事欠かないはずである。２０００年代に入ってグループ活動が成り立たなくなったと言われたヒップホップはポッシを復活させた。歴史を持ったことで世代間の対立も深まった。サイケデリックとジャズが呼び戻され、メジャーではカーディ・Bが、アンダーグラウンドではムーア・マザーが新たな時代を切り開きつつある。久々に届いた陽気な歌声はボディ・ポジティヴのリゾによるもの。しかし、次の年にはまたしてもジョージ・フロイド事件が起きてしまう……。なお、ディスク・ガイドでは数の関係で黒人と白人のユニットは割愛。アジア系とアラブ系も含まれていません。

（みた いたる）１９６１年、LA生まれ。ライター・編集。共著に粉川哲夫と『無縁のメディア』、野田努と『Techno Definitive 1963-2013』、編書に『Ambient Definitive 1958-2013』、『ゲゲゲの娘 レレレの娘 らららの娘』、戸川純『疾風怒濤ときどき晴れ』、忌野清志郎画報『生卵』、『Dommune Official Guide Book』など。

1/

インドの血も混じるトリニダード系。ダミ声ながら爽やかな新風を吹き込んだ公式デビュー作で、10人のプロデューサーを使い分けてポップ性を前面に出し、バカっぽさと悲壮感に覆われたヒップホップから脱却。一貫して少女の立場に立ち、後にはジェイＺの男尊女卑を批判するなどフェミニズムのイメージを刷新。FKAトゥッグス“Cellophane”は“Fly”のサビを引用。ローレル・ヘイローのアイドル。

Nicki Minaj
Pink Friday

Cash Money Record
2010

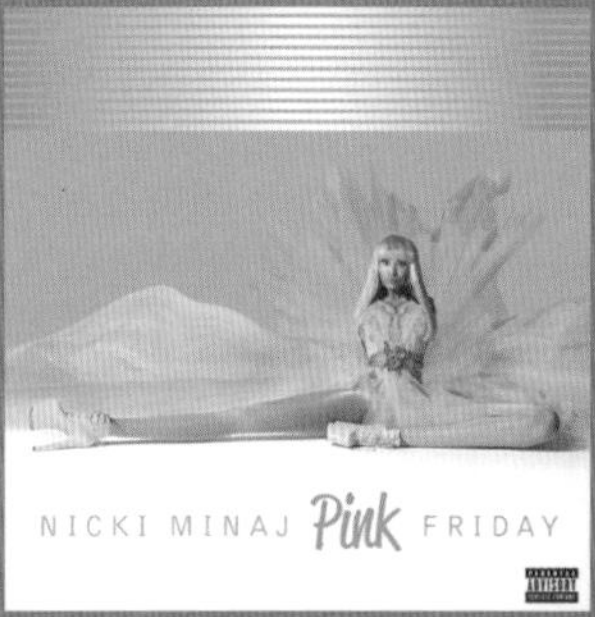

2/

Flying Lotus
Cosmogramma

Warp Records
2010

LAサウンドというトレンドをつくり出したブレインフィーダー主宰。タイトルに示唆されている通り、ジェイ・ディラに傾倒していた前作とは打って変わってアリス・コルトレーンの甥であることを隠さず、生演奏の比重を高めた３作目。その一方でゲーム・ミュージックからの影響も強く反映させ、フュージョン・リヴァイヴァルの先駆もなした。“... And The World Laughs With You”にトム・ヨークを起用。

3/

ベイ・エリアからスケート・カルチャーを背景にハイフィーの急先鋒として現れたザ・パックからソロ２作目。全曲を自身でプロデュースし、ビートを入れないニューエイジ・ラップのスタイルを確立。家族や愛をテーマとすることでマッチョ性を否定したクラウド・ラップの変形として静かな衝撃を与え、クラインやフランク・オーシャン、ンナムディなど多方面に影響を与えた。実験音楽のレーベルからのリリースも話題。

Lil B
Rain In England

Weird Forest Records
2010

4/

José James
Blackmagic

Brownswood Recordings
2010

ミネアポリスからモダン・ジャズとヒップホップを融合させたソウル・ヴォーカルによる２作目。発音は「ホゼ」。見事なほど甘いスロー・バラードのオン・パレードで、ナンシー・ウイルソン“Save Your Love For Me”にジャズ・ピアノを加えてスタイリッシュにカヴァー。気取りすぎだけど、板にはついている。プロデュースにフライング・ロータスやムーディマン、ＤＪミツ・ザ・ビーツなど。次作はブルーノートから。

5/

ヨーヨー・マに影響されて５歳でヴァイオリンを覚えたというジャズ・ベーシストの３作目。パット・メセニーとプリンスがフック・アップして表舞台へ。ここでは室内楽に取り組み、熱のこもった演奏を聞かせる。歌い方は矢野顕子を彷彿。次作はQ・ティップのプロデュースで明るくポップにアプローチ。ネイティヴとアフリカ、スパニッシュと白人の血も受け継ぐのはR&Bのケラーニと同じ。グラミー賞ジャズ部門。

Esperanza Spalding
Chamber Music Society

Heads Up International
2010

6

ギャング抗争が終結し、平穏になったLAから学生ラップ集団オッド・フューチャーのリーダー格によるソロ１作目。全曲セルフ・プロデュースで、心理療法士の独白という設定。各方面をディスりまくったリード・シングル“Yonkers”など、エミネムやカニエ・ウエストを悪化させたようなキモい歌詞と粗雑なヴォーカルですぐにも話題となり、“Bitch Suck Dick”など女性蔑視の歌詞が原因で英連邦への入国が禁止に。

Tyler, The Creator
Goblin

XL Recordings
2011

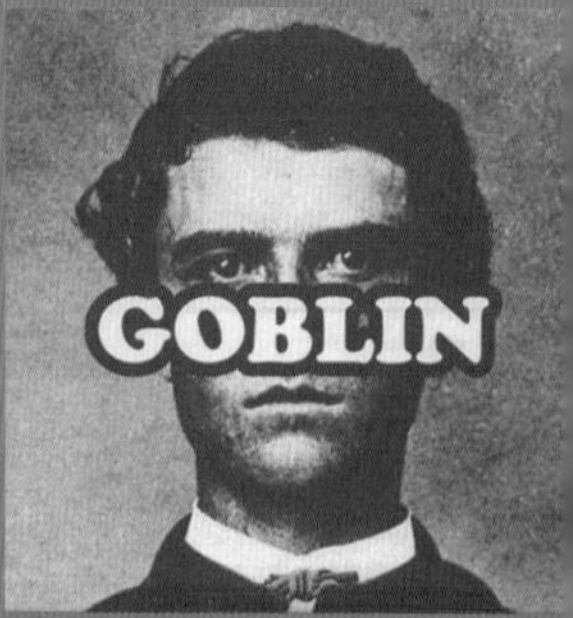

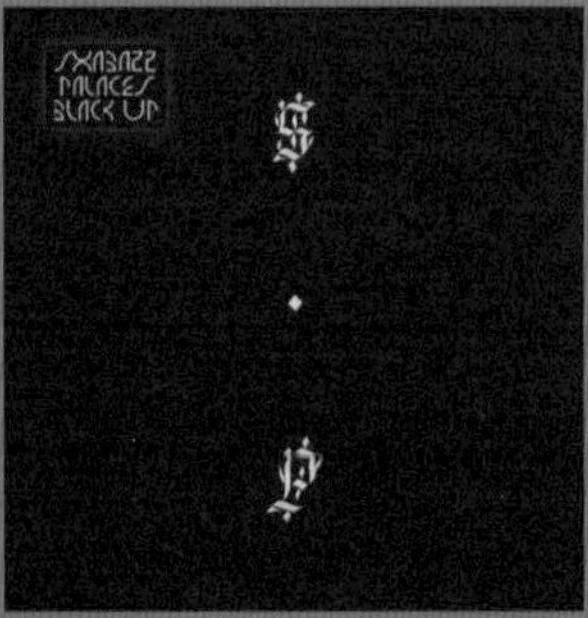

7

Shabazz Palaces
Black Up

Sub Pop
2011

シアトルから元ディゲイブル・プラネッツのイシュメール・バトラーとンビラの名奏者ドゥミサニ・マレールの息子テンダイ・マレールによる実験的なヒップホップ・デュオの１作目。サブポップが初めてサインしたヒップホップ・グループで、ダブやダンスホールなどワールド・ミュージックの要素が強く、アンチコンにねっとりとしたグルーヴを持たせた感じか。雰囲気たっぷりのバック・コーラスはジー・サティスファクションによる。

8

サウス・シカゴからドリルを代表するMCによるデビュー作。全体にパワフルなのかやる気がないのか判然とせず、17歳にしてこのニヒリズムと騒がれ、希望のない場所でしか生まれないエンターテインメントと評された。50セント“Straight To The Bank”へのアンサーらしき“Laughin' To The Bank”で「ハハハ」と力なく笑う部分は印象的。トラップというのはどう考えても“I Don't Like”が様式化したもの。

Chief Keef
Finally Rich

Glory Boyz Entertainment
2012

9

Mykki Blanco
Cosmic Angel: The Illuminati Prince/ss

UNO
2012

エイズであることを公表したクィア・ラップの先駆けによるミックステープ１作目（本人はクィア・ラップではなく、ライオット・ガールズだと主張）。シンデンやゴビーといったベース系のプロデューサーを多数起用して他に類を見ないプレ・トラップ的なトラックをつくり出し、どうしてもマッチョ的になるヒップホップ・サウンドを大胆に刷新した。ネーミングはリル・キムの別名義キミー・ブランコにちなむ。キャンプ！

10

R.A.P. ＝Rebellious African People。パワフルで豪放な５作目。警察の家系で育つも警察の暴力には批判的で、“Reagan”では黒人の苦境はすべてレーガン大統領がもたらしたと糾弾。プロデューサーのエル・Pとはそのままラン・ザ・ジュエルズを名乗って活動するようになり、2020年のブラック・ライヴス・マターでは涙ながらのスピーチが暴徒化を抑制し、かつてジェームズ・ブラウンが果たした役割を継承。

Killer Mike
R.A.P. Music

Williams Street
2012

11/

シャバズ・パラセィーズにフック・アップされたステイシス・アイアンズとサッシーブラックによる女性２人のヒップホップ／R&Bデュオによるデビュー作。変わったサウンドが目白押しで、生演奏が多く、ジャズもあれば２ビートにミニマルと全体にオーガニックで発想が自由。フライング・ロータス＋パンダベアー？　サッシーブラックがハワイ育ちのせいか南国調のドラムはマーティン・デニーを思わせる。宇多田ヒカルが広めた。

THEESatisfaction
Awe Naturale

Sub Pop
2012

12/

Robert Glasper Experiment
Black Radio

Blue Note
2012

アフロ・フューチャリズムを標榜するジャズ・ピアニストの５作目。ヴォーカルにエリカ・バドゥなどを起用し、人数の多さも含め５日間で即興的に録音されたとは思えない。デヴィッド・ボウイなどカヴァー曲が半数で、ニルヴァーナ“Smells Like Teen Spirit”もラテン・ジャズ化。ヤシーン・ベイことモス・デフを起用したタイトル曲（フライトレコーダーのこと）が超ユニーク。グラミー賞R&B部門。

13/

言動がおかしくなる直前の意欲作（６作目）。エディットはリック・ルービン。ブリープ・テクノを思わせるオープニグから一転、パイレーツ・ビートへ飛ぶなどヒップホップ以外の音楽ファンを刺激。ダフト・パンクやハドソン・モーホークを起用したインダストリアル風の“I Am A God”からニーナ・シモンと掛け合っているように構成した“Blood On The Leaves”までとにかく作風が広い。ブレイク前のアルカも参加。

Kanye West
Yeezus

Def Jam
2013

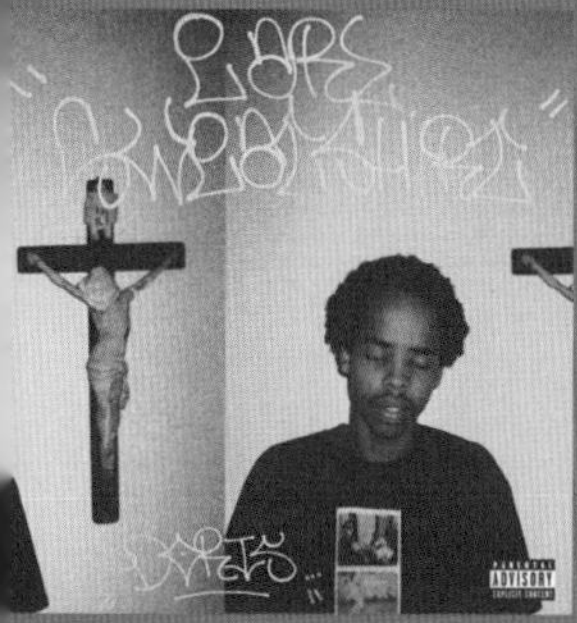

14/

Earl Sweatshirt
Doris

Columbia
2013

16歳でミックステープが注目を集めたオッド・フューチャーの最年少によるデビュー作。理解のない両親によって一時期シーンから遠ざけられるも、SNSでカムバックを強く印象づけ、満を辞してのリリースとなった。落ち着き払った曲調で統一され、メインストリームを意識しない内省的な歌詞が高評価。ファレル・ウイリアムスやフライング・ロータスなどビッグ・ネーム勢揃いの布陣に、まさかのRZAまで参加。

15/

サウス・シカゴからクリスチャン・ラップのミックステープ２作目。Datpffからダウンロードだけでリリースされたことが大きな注目を集めた。中流育ちでマイケル・ジャクソンを聴いて育つもLSDとアシッド・ジャズに対する興味が創作の動機に。父親の仕事の関係でオバマ大統領と議論をし、オバマも“Acid Rain”をフェイヴァリットに挙げている。チャイルディッシュ・ガンビーノやノサッジ・シングらが参加。

Chance The Rapper

Acid Rap
2013

16/

A$AP Rocky
Long.Live.A$AP

Polo Grounds Music
2013

後に抗争へと発展するスペースゴーストパープをフィーチャーした『LiveLoveA$AP』に続いてエイサップ・モブの筆頭によるメジャー1作目。ギャングの日常が歌われつつ、そのサウンドはロック好きが如実に反映されてかなりポップ。タイトル曲やデンジャー・マウスが参加した“Phoenix”はまるでインディ・ロックだし、商業的にもっとも成功したクラウド・ラップではないかと。モデルとしても活躍。ヴィーガン。

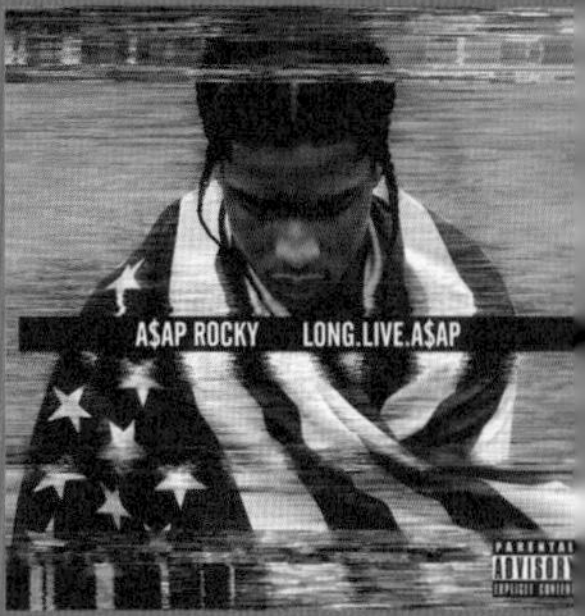

17/

DJ Rashad
Double Cup

Hyperdub
2013

2010年代初頭から大きなムーヴメントとなっていたシカゴのジューク／フットワークでもパイオニア的存在によるデビュー作。大半がDJスピンとの共作。優雅なメロディと神経症的なリズムを組み合わせ、スキゾフレニックな世界観を浸透させた。ジャングルのコード進行を踏襲した“Pass That Shit”や全体にそこはかとなく漂うレイヴのムードが時代を感じさせる。CDには各種の隠しトラックが。翌年、急死。

18/

Freddie Gibbs & Madlib
Piñata

Madlib Invazion
2014

メキシコ文化に多大なシンパシーを表明するギャングスタMCと、どちらかといえば分別のあるアンダーグラウンドに貢献し続けたストーンズ・スロウのメイン・プロデューサーという畑違いの2人が組んだことで大きな話題を呼んだ1作目。いわゆる直球のストレートが次々と投下され、黄金の90年代を再生するノスタルジアも悪くないと広範囲に支持された。アルバム・タイトルは南米で行われる子どものお祭りのこと。

19/

Moodymann
Moodymann

KDJ
2014

再びペースを上げてきたケニー・ディクソン・ジュニアの11作目。プリンス流のエロティックなファンクをベースにジャジーでメロウなデトロイト・ハウスが並び、“Sunday Hotel”のようなシカゴ・アシッドやP・ファンクを大胆にサンプリングした“Sloppy Cosmic”も。アナログには過去の12インチが1枚付録でつき、CDには近作やラナ・デル・レイ“Born 2 Die”のリミックスなど15曲も追加。

20/

D’Angelo And The Vanguard
Black Messiah

RCA
2014

ファーガソン事件が起きたために予定を早めて予告なくリリースされ、多くの音楽ファンを驚かせた14年ぶりの3作目。プリンス式の官能的なスロー・ファンクをメインに、“The Charade”や“1000 Deaths”などポリティカルな歌詞もしっとりと歌い上げる。特定の個人を意味しない「救世主（Messiah)」はブラック・ライヴス・マターのことを意味し、多くのメディアがスライ・ストーン『暴動』の再来と絶賛。

21/

The Internet
Ego Death

Columbia
2015

オッド・フューチャー在籍時にスタートしたシド・ザ・キッドとマット・マーシャンズを中心とする６人編成のソウル・バンドによる３作目。タートルズなど1970年前後のサンプリングが多く、オルタナティヴR&B全盛時に反旗を翻し、ギミック一切なしの王道表現に徹している。メロウでさわやか。ジェネール・モネらが参加。mndsgnやknxwledgeらと共にここから日本のシティ・ポップ再評価がはじまった？

22/

Kamasi Washington
The Epic

Brainfeeder
2015

ウェイン・ショーターやハービー・ハンコックとも演奏経験がある若手のテナー・サックスによるデビュー作。ブレインフィーダーが送り出したフュージョン・リヴァイヴァルの決定打で、ヴァイオリン５台に分厚いホーン・セクションと、オープニングからとにかく壮大でゴージャス。屈折や闇を感じさせず、とにかくストレートに音が広がる。「計画」「栄光の物語」「歴史は繰り返す」の３章から成り、CD ３枚組というヴォリウム。

23/

Elysia Crampton
American Drift

Blueberry
2015

チーノ・アモービの盟友で、先住民文化や「存在論」に傾倒するボリヴィア系のデビュー作。サウス系ヒップホップやクランクと南米のプログレッシヴ・ロックにサイケデリック・フォークを融合させたアヴァン・ギャルドの怪作。植民地前史をテーマにするだけあって悠然としつつも爽快感は皆無。クンビアとモダン・クラシカルをぶつけた“Wing”は黒人初のピアニスト、マーガレット・ボンズに捧げられている。最新作はパンから。

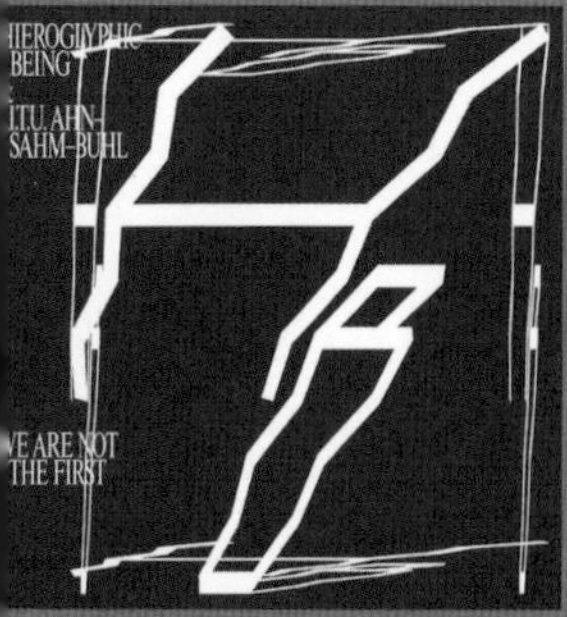

24/

Hieroglyphic Being & J.I.T.U. Ahn-Sahm-Buhl
We Are Not The First

Rvng Intl. 2015

ジェフ・ミルズがデビューさせたシカゴ・アシッドのジャマール・モスとサン・ラー・アーケストラのマーシャル・アレン（アルト・サックス）による年の差コラボレイション。これにZsのグレッグ・フォックスら７人が加わったジャム・セッションのスタイルで、混沌としたコズミック・ジャズに仕上げている。「文明は死にかけ」「サイバネテシクスは古い」「ファック・ザ・ゲットー」と挑発的なタイトルが並ぶ。

25/

Kendrick Lamar
To Pimp A Butterfly

Top Dawg Entertainment
2015

映画『カラーパープル』のセリフが引用された“Alright”がブラック・ライヴス・マターのテーマ曲になるなど2010年代中期を象徴する１枚となった３作目。♪エヴリー・ニガー・イズ・ア・スター～というループにはじまり、アフリカで宗教的啓示を得るなど、歴代の先輩方や、とりわけ２パックを強く意識する文学性など多方面から評価。チャートを駆け上がったにしてはとにかく重い。ブラック・ヒッピーの一員。

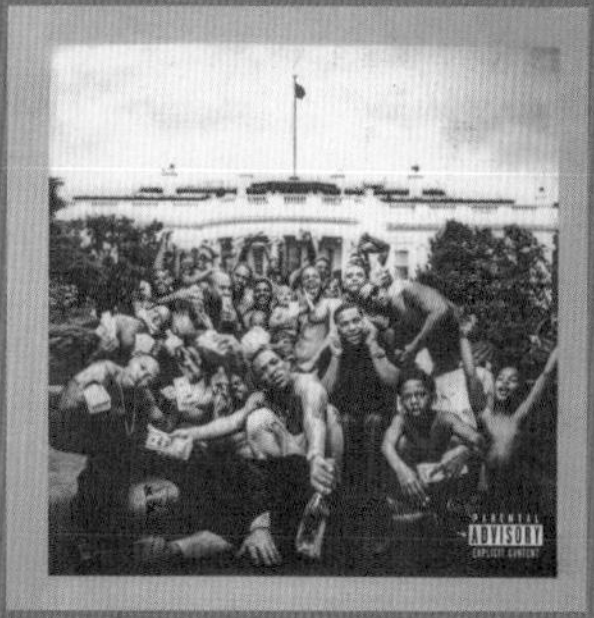

26/

オッド・フューチャーの準メンバーによるデビュー作（２CD）。父親が殺人者だという苦悩からなかなか逃れられず、全体に死のイメージで覆い尽くされている。催眠的なパーカッションに引き込まれ、クラムス・カジノやノーI.D.による呪術的でおどろおどろしいサウンドが次から次へ。“Jump off the Roof”やタイトル曲はとくに異様なムードを醸し出す。ジャケット・デザインはジョイ・ディヴィジョンへのオマージュ。

Vince Staples
Summertime '06

Def Jam
2015

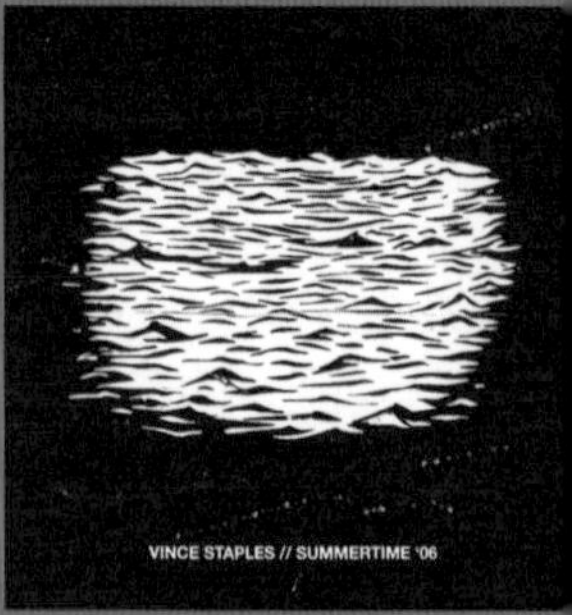

27/

Moor Mother
Fetish Bones

Don Giovanni
2016

突然、現れた才能。「ベルベル人の母」を名乗るフィラデルフィアのアクティヴィストによるデビュー作。ヒップホップを取り入れたスロッビン・グリッスルというのか、ポエトリー・リーディングを軸としながら強烈なシャウトを交えつつ、情緒錯乱気味の実験音楽をがっつりと聴かせる。子守唄ちっくなエンディングもいい。パンク・バンドやフリー・ジャズのバンドにも参加し、2010年代後半には台風の目的存在に。

28/

オッド・フューチャーからカムアウトしたR&Bシンガーによる２作目。配信だけで2010年代を代表するポップ・アルバムに。ブライアン・ウイルソンの影響は広く指摘されるところで「こちら側で生きること」をテーマとしたコンセプチュアル・アルバムはリル・B版『Pet Sounds』とも。“Skyline To”や“Seigfried”はあまりにサイケデリック。カーペンターズのカヴァーも。ボーナスでKOHHを起用。

Frank Ocean
Blond

XL
2016

29/

Beyoncé
Lemonade

Parkwood Entertainment
2016

前作『Beyoncé』で音楽的に攻めの姿勢に変わったビヨンセが小説『ビリー・リンの永遠の一日』で描かれたイメージを刷新するためか、ハーフタイムショーにブラックパンサーの演出を取り入れて物議を醸し、非難の声に応えて「＃ボイコット・ビヨンセ」というＴシャツとともに売り出した６作目。奴隷時代から続く黒人女性の地位や尊厳などがテーマ。タイトルは「人生が酸っぱいレモンなら甘いレモネードにつくりかえろ」の意。

30/

ビヨンセの妹による10年ぶりのソロ３作目。モータウン・マナーから離れ、レイプやファーガソン事件などネガティヴな題材を多く取り上げた内容に。ミニー・リパートンを思わせるソプラノを駆使して、鬱な歌詞をふわふわとしたサイケデリックR&Bで包み込んだ。ジャーナリストから「(あなたは) 飼い主の手を噛んでいる」と言われたことがすべての始まりで、タイトルは「(白人と同じ) テーブルに着く」の意。

Solange
A Seat At The Table

Columbia
2016

31/

实験的な要素を増やしたバルバドス系の８作目。FKAトゥイッグスを意識したか、ダンス一辺倒ではなく、ポップス色を強め、テーム・インパラのカヴァーには誰もが驚かされた。支離滅裂で正直。ダンスホール回帰に先駆けたドレイクとの“Work”やカントリー回帰の先駆“Never Ending”を収録するも、血まみれの“BBHMM”やトランプの移民政策に異を唱えた“American Oxygen”は収録されず。

Rihanna
Anti

Roc Nation
2016

32/

Noname

Telefone
2016

チャンス・ザ・ラッパー『アシッド・ラップ』への起用で注目されたファティマ・ワーナーのミックステープ１作目（当初はノーネーム・ジプシーと名乗っていた）。ザイロフォンなどを軽く鳴らすだけのミニマルなトラックも含めてアリソン・スタットンを思わせるジャジーなフロウが印象的で、静かな曲の数々は死を題材としたものが多い（中絶される赤ちゃんの視点でラップしたり）。とても優しい気持ちになれます。

33/

マイアミからスペインに移り、チルウェイヴ以降を模索していたチームス名義からさらに実験的な音楽へと志向を変えたショーン・ボウイによる２作目。モータウン・サウンドとスピリチュアルをテーマに３年をかけて制作され、期せずしてアブストラクトなソウル・ミュージックとして完成（本人談）。謎めいたフィールド・レコーディングが多用されているのに、全体にグルーヴィーなのは不思議。タイトルは「蛇音楽」の意。

Yves Tumor
Serpent Music

PAN
2016

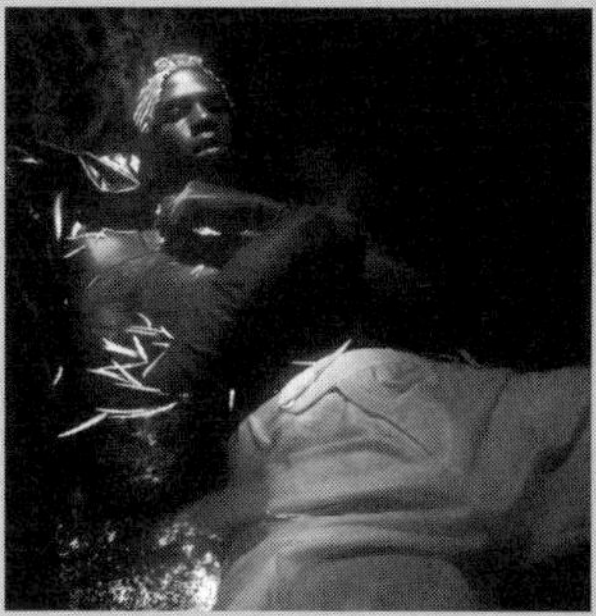

34/

Dedekind Cut
$uccessor

Hospital Productions
2016

ドラムンベースやアンビエントなどジャンルにこだわらず活動してきたリー・バノンによる新プロジェクトの１作目。インダストリアルからニュー・エイジ、ヴェイパーウェイヴからモダン・クラシカルへと自在に音楽性を変形させてもリー・バノン名義と同じく荘厳でどっしりとした音楽性に変化はない。延々と海の底にいるような気分です。しかし、チーノ・アモービとDJシャドウを同じ曲にフィーチャーするとは！

35/

コンプトンからGファンクの継承者による２作目。タイトルの「ブレイジー」とはギャングの抗争は終結してもブラッズと敵対関係にあるクリップスはまだ「クレイジー」の意で、一見、ノスタルジックながらアルバムの制作中に何者かに銃撃された経験を反映した重い内容に。地味ながら説得力がある。警官の暴力に強く言及し、2020年にはブラックライヴズマターのデモを背景に“FTP”のヴィデオも。テラス・マーティンらが参加。

YG
Still Brazy

Def Jam
2016

36/

Suzi Analogue
ZONEZ V.1

Never Normal
2017

トキモンスタとアナログ・モンスタ名義で活動するマヤ・シップマンの3作目。ドラムン・ベースやジュークにマンボやエキゾチック・サウンドを絡めてモンド過多。名義はRZAの変名、ボビー・ディジタルへのアンサーで、ウガンダの文化大使も務める。現在、『ZONEZ V.4』まで（全作、面白い）。テックライフ・クルーのDJアールは多分、恋人。COMA-CHIに起用された。ウェブサイトがサイケで目が回る。

37/

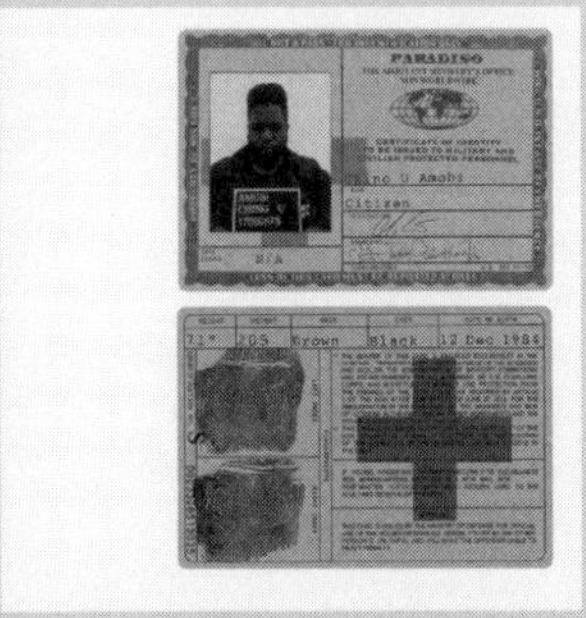

Chino Amobi
Paradiso

NON
2017

キシらとブラック・ミュージック専門のノン・ワールドワイドを運営する実験音楽家の2作目。宗教や神話に題材をとった強迫的なインダストリル・グライムやノイズ・ファンクは過剰なまでのアフロ～ペシミズムに彩られ、全編で繰り広げられる黙示録的な世界観をヒエロニムス・ボッシュの音楽版に喩える評論家も。ダイアモンド・ブラック・ハーティッド・ボーイ時代からの盟友イリジア・クランプトンが5曲で参加。

38/

Jlin
Black Origami

Planet Mu
2017

オリガミ＝幾何学。数学専攻だけあってゲットー的なニュアンスから離れ、ジューク／フットワークを現代音楽として再定義したような2作目。“Nandi”をはじめ、ほとんどの曲がパーカッションだけで構成されるも“Never Created ～”以外はダンサブルではなく、IDMの新境地といえる。前作に続いて“1%”で再びホーリー・ハーンドンとタッグを組み、ほかにドローン作家のバジンスキーなどが参加。

39/

JPEGMAFIA
Veteran

Deathbomb Arc
2018

タイトルは「退役軍人」の意。日本などで従軍中にユーチューバー（joechillworld）として曲をアップしていたジャマイカ系によるアブストラクト・トラップの2作目。過度に実験的な作風は幼少期にアラバマで体験した人種差別と深い関係があり、そんなものは誰も聞かないと思っていたところ右翼発言を繰り返すモリッシーをトランプやネトウヨ、カニエ・ウエストと同様にディスったためにいきなり注目を浴びた。

40/

Janelle Monáe
Dirty Computer

Atlantic
2018

カンザスからオルタナティヴR&Bの新鋭による3作目。タイトルも含めてあまりにプリンス・サウンドを未消化に踏襲し過ぎている感もあるけれど、プリンスが亡くなる直前まで一緒にスタジオにいたというから、むしろその影響を意図的に出していると受け取った方がいいのかも。デビュー作から続けてきた「メトロポリス物語」から離れて、プリンスばりにセクシャリティを謳歌し、マドンナ流に楽しく反抗するポップ・アルバム。

41

Cardi B
Invasion Of Privacy

Atlantic
2018

リアリティーTVで名を挙げた元ストリッパーによるデビュー作。ブロンクス出身の女性MCは珍しく、女性MCが「メイク・マネー」を高らかに標榜するのも珍しければ、エスニック・アクセントを多用し、当時の２大トレンドを結びつけたラテン風トラップも斬新だった。ナズからミーゴスまで参加。２作目が難航するなか、インスタグラムに投稿したコロナについてのスピーチが瞬く間に世界中でサンプリングされた。

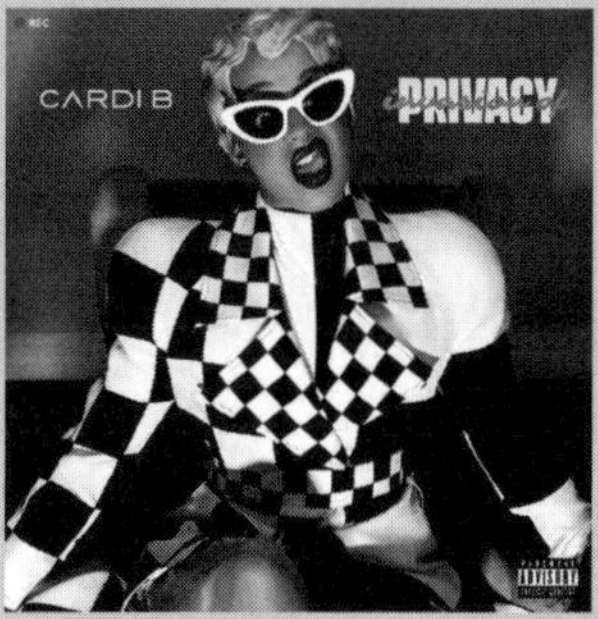

42

Lotic
Power

Tri Angle
2018

テキサスからベルリンに移ったJ・キリアン・モーガンによる２作目。最初に注目を集めたシングル「Heterocetera」から３年を経て、ようやく完成した意欲作。オウテカとアルカを横断しつつ、悲しみとセクシーが交錯し、なんともグラマラスなIDMサウンドを確立した。繊細かつ大胆というやつで、メリハリのある構成が実に素晴らしい。人に吐き気を催させるために、つまり政治的な目的でクィアの格好をしているという。

43

Brittany Howard
Jaime

ATO
2019

ブルース・ロックのアラバマ・シェイクスからヴォーカルのソロ１作目。ファンキーなR&Bを聞かせるオープニングの“History Repeats”がとにかくいい。カントリー・ジャズかと思えばモダン・ブルースと、どの曲も非常にエモーショナルでオーヴァー・プロデュース気味な曲はモーゼス・サムニーを思わせる。差別と貧困、LGBTとしての苦悩が背景にあるも、とにかくパワフル。ロバート・グラスパーらが参加。

44

Sudan Archives
Athena

Stones Throw
2019

10代で義父に家を追い出されたブリトニー・デニース・パークスによる１作目。独学で学んだヴァイオリンと西アフリカのリズムやR&Bを独自に組み合わせたハイブリッドなワールド・ミュージック。大学できちんと音楽民族学を学んだためか、ストリート感はゼロで、研究報告のようにまとめられた音楽性は清潔でとても透き通っている。『セーラームーン』のファンで、スーダン・ムーン名義ではヴェイパーウェイヴも。

45

Lizzo
Cuz I Love You

Atlantic
2019

“Paris”（14）で注目を集めたボディ・ポジティヴのMC／ネオ・ソウルによる３作目にして大ヒット作。デニス・ウイリアムスばりの熱唱に始まり、ニッキー・ミナージュを思わせるフロウを駆使したかと思えば、80s全開の“Juice”や“Crybaby”はパワフルを通り越して、もはやうるさい（笑）。マンブルのマの字も寄せつけず、60s直球の“Jerome”も高評価。ミッシー・エリオットらが参加。

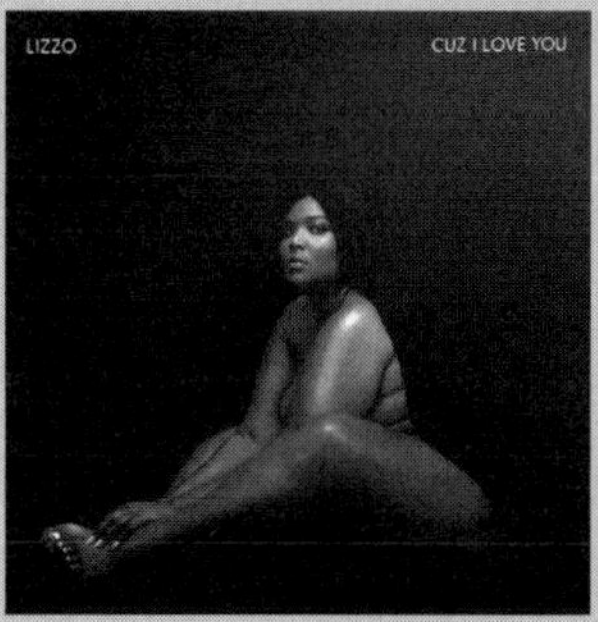

46/

Zebra Katz
Less Is Moor

The Vinyl factory
2020

グレース・ジョーンズを敬愛してやまないダンスホールMCによるインダストリアル・ヒップホップのデビュー作。冒頭からガガガッと派手に始まり、官能的な歌詞をぼそぼそと囁きまくる。アフロ・キューバン・ジャズに無機質なトライバル・ドラム。タイトルは大掛かりな組織で動くのではなく、最小限度のスタッフで活動していることをアピールし、それにムーア・マザーの名前をかけたものらしい。

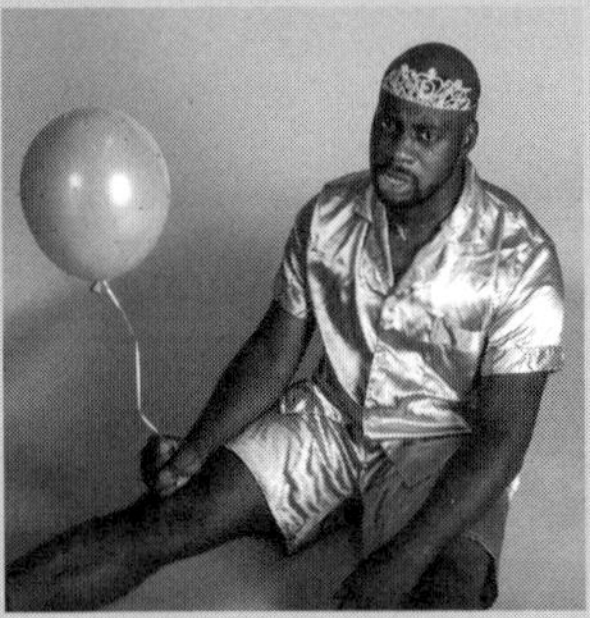

47/

Nnamdi
Brat

Sooper
2020

シカゴからリル・Bを敬愛するンナムディ・オグボンナヤによる4作目。ポスト・ロックもヒップホップも境界線がなく、ポップ・ミュージックとしか言いようがない変態かつ王道サウンドを編み出し、悲しいのかおかしいのかよくわからない重層的な曲を量産する。自分はこの街に必要とされていないと嘆く“Wasted”や疎外感と慈しみを重ね合わせた“Semantics”はとくに素晴らしい。アルバム・タイトルは「ガキ」の意。

48/

LordNarf
N*A*R*F

Awful
2020

変なフィメールMCが多いアトランタからオーフル・クルーのサイケデリック姫による2作目。2014年にニューヨークでエリック・ガーナーが警官に窒息死させられた事件を受けて“Can't Breathe”をリリースし（この時のTシャツが2020年の路上にはあふれた）、独特の歪んだトラップ・サウンドを発展させた。“Piece of Me”から後半の展開がとんでもない。ナーフはおそらく「イナフ（たくさんだ）」の意。

49/

Stunna 4 Vegas
Rich Youngin

Billion Dollar Baby
2020

ノース・カロライナからカリック・アントニオ・コールドウェルによる2作目。ほとんどハットだけしか鳴っていないリズムはごく初期のLL・クール・Jを思わせ、オフビートを巧みに織り込むことでサウス以降のポリリズムに対応。確実にトラップ以降が見えている。タイトルは「若くして金持ち」。ギャングスタを気取り、白人に靴磨きをさせているヴィジュアルはジェイ・Zのパロディだろう。ミーゴスからオフセットらが参加。

50/

Speaker Music
Black Nationalist
Sonic Weaponry

Planet Mu
2020

デビュー当初は実験音楽の色合いが強く、警察無線のサンプリングなどにその痕跡が残るディフォーレスト・ブラウン・ジュニアによる別名義の2作目。スタッタリング・ドラムを全編にフィーチャーすることでベース・ミュージックとフリー・ジャズをがっちりと噛み合わせ、デトロイト・テクノを一歩も二歩も更新した。ほぼ同時にリリースされた『Further Expressions Of Hi-Tech Soul』も素晴らしい。

MOOR MOTHER

ムーア・マザー

言葉と音、詩とタイムトラベル

ムーア・マザー、多作な近況と
彼女の理念と将来について語る

取材・文＝ジェイムズ・ハットフィールド　by James Hadfield
通訳＝五井健太郎　photo：Chris Sikich

フィラデルフィアを拠点にする詩人であり、アーティストであり活動家であるキャメイ・アイワ（Camae Ayewa）にとって、音楽はタイムトラベルの形式のひとつだ。ムーア・マザーという名前で彼女は、さまざまな空間や時間の線を旅し、忘れられた黒人の歴史を発掘して、こんにちの不正義と世代を超えて伝わるトラウマのあいだにある繋がりを突きとめていく。２０１６年の『フェティッシュ・ボーン』によってより幅広いオーディエンスに紹介されて以来、多種多様なプロジェクト——戦闘的なフリー・ジャズ・アンサンブルのイリヴァーシブル・インテングルメンツ（Irreversible Entanglements）から、実験的なクラブ・デュオの７００ブリス（700 Bliss）まで——に挑戦し、アーマンド・ハマー（Armand Hammer）やアート・アンサンブル・オブ・シカゴのようなアーティストとコラボレーションしてきた彼女は、まるであらゆる場所に同時に存在しているようだった。ここ数ヶ月のあいだアイワは、メンタル・ジュエリー（Mental Jewelry）（ムーア・ジュエリー（Moor Jewelry）名義による『True Operā』）や、ニコール・ミッチェル（Nicole Mitchell）（ライヴ・アルバム『Offering』）や、オロフ・メランダー（Olof Melander）（『ANTHOLOGIA 01』）や、ヤッタ（『DIAL UP』）とのコラボレーション作品をリリースし、すでに豊かなその功績をさらに高めつづけている。また彼女は、——物を書く人間が創作上の障害を乗りこえるためのツールとして提示された——強力なサウンドスケープ集『Clepsydra』を、バンドキャンプ限定でリリースしている。この作品は、精神を解放する音の力についての彼女の信念にたいする、優れた紹介になっている。

——ここ数ヶ月はあなたにとってどんなものだった？

CA——そうね、だいたい４つのツアーがキャンセルしちゃったから、先のことを考えると経済的にはかなりハードだわ。本当なら昨日も、プラハでのはじめてのオペラの初日のはずだった。だからまあなんてうか、「クソッ」て感じ。ヨーロッパではまだキャンセルにはなってない予定もあるけど、どうするか決めるのは難しいね。だから（ロックダウンの）最初の2ヶ月は、とにかくたくさん音楽を作ってたわ。

―― たしかにそうだったね、チェックしてたよ！

CA あれだけじゃなくて、まだ発表してないものもあるわ。めちゃくちゃいいヒップホップのアルバムを作ったところなんだ。なんていうか、**マジで**やばいくらいいいの。ストレートなヒップホップっていうか……いやでもストレートってわけじゃないな。自分ではどうしようもなくて、ちょっと変わった感じになっちゃうんだよね。いまそれをどういう作品にしたいのかはっきりさせるために、いろいろ考えているところ。多くの人に聴いてほしいからね。

―― たしかに、それは間違いないね。

CA わかってもらえる？ **いまこの時点で**本当にすごい作品になるなってものが手元にあるときって、なかなか難しいものなんだよね。本当に難しくて。だけどまあ、音楽はやってくるものだからね。いまはスタジオに戻って、次の自分の作品のための作業の準備をしてるわ。ストレートなムーア・マザー名義のアルバムを制作中で、それは『ザ・コンフェデレート・ステイツ・オブ・アメリカ』（The Confederate States of America：奴隷制存続のために合衆国から分離し、南北戦争を招いた南部諸州の連合国を指す「南部連合国」の意）って名前になる予定。いろいろと練りなおしつづけていて、もう1年は作っている作品なんだけど、ようやく制作の段階に進むつもり。

―― ていうことはそれは、歴史上の南部連合国っていうテーマに焦点化したものになるの？

CA ええ、南部連合国のすべての州を取りあげるつもりでいるわ。

当たり前だけど私はいつも何かを学んでるから。すべての答えなんて知るわけないしね。だけど、そうね、以前から興味はあった。タスク・フェスティヴァルで、何をやりたいか聞かれたとき、「それじゃあ、奴隷制にたいする緊急援助についての曲をやってみたいわ」って答えたの。

――それはすごい。だとすると、歴史のなかに深く潜っていくような感じになるの？

CA　そうね、私は自分がやっていることの一部を、「意識の人類学」って呼んでるんだ。それは詩や書くことについての私のワークショップの一部なの。このワークショップのゴールは、どうやって空間のなかに入っていくかってことについての知識みたいなものを与えることにある。ここでいう空間っていうのは、自分の外にあるものでも内にあるものでもかまわなくて、とにかくそのなかで起こっていることを感じることが重要なわけ。何年か前からはじめてるんだけど、いまでは本当にこのスキルを研ぎすますことができるようになってきたわ。ツアーのあいだじゅうずっと実践してるしね。たとえばツアーでベルギーにいたとき、レオポルド二世の銅像――このあいだ汚されたやつね――のすぐ側に泊まってたの（アントワープ市内にあったこの銅像は、植民地主義推進の象徴と見なされ、ブラック・ライヴス・マター運動の抗議者たちによってペンキをかけられるなどされた結果、今年6月、市によって撤去が決定されている）。だからそのときのセットは、ぜんぶレオポルド二世に関するものになったわ。そんなふうに、「私はいまここにいる、これ以上いったい何を学ぶことができるだろう？」って感じで考えるわけ。だから、そうね、そういうやり方で、これから全力で南部連合国について書いていくつもりでいるわ。

――今日は去年君がロンドン・コンテンポラリー・オーケストラと一緒にやった、UKでの「ザ・グレート・ベイルアウト」公演について聞こうとおもってたんだ。なんでかっていうと、あれもいまいってくれたのと同じような感じで……。

CA　そうそう！　いま私はあれをリリースするために作業してるの。すぐに出したいんだけどね。こういう話ってよく聞くかもしれないけど、どういう気分かわかってもらえるかな。**すぐに出したいんだけど、音楽はビジネスのひとつだし――ミュージック・ビジネスってやつ**

ね——、それをパッとバンドキャンプに上げるわけにはいかないからさ……できたらそうしたいけどね（笑）。あのときの公演は本当に重要で——気づいてもらえて嬉しいわ——、とにかくあそこからの展開を続けていきたいっておもってる。

　いまはちょうどベルギーのあるグループのためのプロジェクトに関わっていて、ベートーヴェンのある曲を取りあげてるんだけど、そのなかでベートーヴェンは、すごく繊細なかたちでカトリック教会について異議を唱えようとしてるの。だから、ヨーロッパのキリスト教についての作品を書くことになるわね。あれはもう完全に、「ザ・グレート・ベイルアウト」から派生してる作品だわ。

——そういうヨーロッパの国々の歴史とか、奴隷制や植民地主義と国家の関連みたいな話って、もともとよく知ってたことなの？　それともそれは、君にとってもやっぱり学んでるプロセスのなかにある感じなのかな？

CA　それは後者のほうね。つまり、当たり前だけど私はいつも何かを学んでるから。すべての答えなんて知るわけないしね。だけど、そうね、以前から興味はあった。タスク・フェスティヴァル で、何をやりたいか聞かれたとき、「それじゃあ、奴隷制にたいする緊急援助《ベイルアウト》についての曲をやってみたいわ」って答えたの。この話をすると、まるでそのとき、超絶技巧みたいなものを使って長ったらしい説教みたいなパフォーマンスでもしたみたいで、いつも笑っちゃうんだけど、ともかく事前に聞かれたときは、こう続けたの。「みんなを不快にするようなことをするつもり——だけどそれが重要だと感じてるんだ」ってね。

　だから、とくにそれをリリースしてくれる誰かを見つけるときなんかに、レコード会社と話していると、「これじゃ難しすぎるよ！　めちゃくちゃ素晴らしいけど、でもこれをスポティファイで聴く人がいると思う？」なんて言われることになるんだよね。そんなとき私は

たぶん8歳くらいのころからだと思う。クリストファー・コロンブスについて学んで、そしてマルコムXについて学んだ。私はまわりの99パーセントが黒人っていう環境で育ったから、人種間の分断はすごくはっきりしていたの。

「いるでしょ」と答えるけど（笑）。でも本当にその通りだと思う。いまは知識を与えるときなのよ。新しいダンス・チューンが必要なときじゃない。私はそういう曲を探している人がいるって信じているけど、でも問題は、聴く必要がある人にそれを届けること。これは一番難しいことだわ——いつだってそう。もちろんツアーはやってるけど、それだけじゃ十分じゃない。

——オーディエンスの感受性は前より上がったと思う？　今回のジョージ・フロイドの件で起きている抗議に関して、今回はいままでとは雰囲気が違うっていう評論家もいるよね。長い間こういう問題について語ってきた人間として、今回はどこかが違うっていう感じはあるかな？

CA　そうね……でも、とくにはないかな。つまりね、こんなことは、当たり前のことだっていう気がしてるの。何か恐ろしいことが起きると、多くの人たちが目を覚まして、そして——すごい陳腐な言い方だけど——胸が張り裂けてしまうことになる。私の古い詩に例えていうなら、「いったいどの時点でこらえきれなくなり、叫び声を上げたのか、〝こんなことにはもう耐えられない〟と」っていう感じ。

こういう経験は誰にでもあるわ。私たちは一本の線みたいな時間軸のなかにいるわけじゃない。時間のあり方っていうのは、多種多様なものなの。しっかりと定まってるって感じじゃない。いまは、いままで目を覚ましたことのなかったさまざまなひとたちが目を覚ましている。こういうことはこれからもずっと続いていくはず。そして私たち**全員**が目を覚まして、誰もが解放のための闘争に身を捧げるときがくる、それこそが黒人の解放なのよ。

前に『ガーディアン』のインタヴューを受けたんだけど、その記事の見出しは、「依然として私たちは、奴隷化とはなにを意味しているのかを正しく理解する必要がある」っていうものだった。記事のコメント欄ではみんな**激怒**してたわ。だからまあ、そういうことよね。

私たちは依然として、問題を完全に理解する必要がある。依然としてそれを**学ぶ**必要さえあるのよ！　私はいつも、違う国から来たいろんな人たちの話を聞いて、学校での彼らの学びの経験について聞くの。そうすると、彼らは実際には何も**学んではいない**ことがわかる。みんな何か別の討論みたいなものを学んでいるだけ。歴史って言われてるものはそういうものだし、地図っていうのもそういうものだと思う。ようするにそれは別の誰かの解釈にすぎなくて、そのだれかの意図によって曇らされていて、支配されてしまっているのよ。

――いまみたいな話を意識しだしたのはいつごろから？

CA　子供のときからね。たぶん8歳くらいのころからだと思う。クリストファー・コロンブスについて学んで、そしてマルコムXについて学んだ。私はまわりの99パーセントが黒人っていう環境で育ったから、人種間の分断はすごくはっきりしていたの。私みたいな育ちをしている人間は、一緒にツアーをしているなかだと、いまじゃもうだいぶ珍しいと思う。

――ここ数日何度も繰りかえし『クレプシドラ』を聴いてるんだ。本当に力強い音楽が集められた作品だと思う。あそこに収録された作品は、どんなふうに集められたの？

CA　あれはもう事故みたいなものだったわ。ていうのも、そのとき私はずっとスタジオにこもりきりでラップばっかり録っていて、それでもう「やり切った」って感じだった。「あぁ、**最高**。ラップして、詩で自分を表現できてるわ。このへんでちょっと気分を変えて、サウンドスケープでも作ってみようかな」って感じ。それでそのあと、2日で15曲は作ったの。

――そんなに早く？

CA　ええ、めちゃくちゃ早かったわね。とにかく気持ちがたかぶっていて、何か別のことをやる必要があったわけ。そのなかのいくつかは、ヤッタ――本当に素晴らしいアーティストだと思う――とのプロジェクトのために使ったんだけど、そのあとは、「他にもまだあるな。

前に『ガーディアン』のインタヴューを受けたんだけど、その記事の見出しは、「依然として私たちは、奴隷化とはなにを意味しているのかを正しく理解する必要がある」っていうものだった。記事のコメント欄ではみんな激怒してたわ。だからまあ、そういうことよね。私たちは依然として、問題を完全に理解する必要がある。依然としてそれを学ぶ必要さえあるのよ！

じゃあそこから何が生まれるか考えてみよう」って感じだった。もちろんいろいろ調べたりもしていて、水時計についての話を読んでたりはしてたけど（アルバムタイトルの「クレプシドラ」はギリシャ語で「水時計」の意）。水時計っていうのは、時間とか、時間のなかに保存されているものを、別のかたちで考えてみるための方法なの。

　スポティファイでリリースしたわけじゃないし、自分のレーベルから出したわけでもなくて、ただバンドキャンプに上げただけだったから、誰も聴いてくれないと思ってたんだけどね。だけど結果として、本当に目を開かされることになった。

――つまり、ああいう音楽にもオーディエンスがいるんだってことに気づいたってこと？

CA　ええ。「そうか、聴いてくれる人はちゃんといて、ああいうかたちでも人を動かすことはできるんだ」って感じだったわ。私はあの作品をひとつの実験として設定して、みんなはそこに参加してくれた。自分でもやってみたけど、上手くいったわ。

　それと、この件ではビジネス的な側面についても学ぶことになったわね――っていうのも、いままで私は、とにかく音楽を作ってツアーに出るってことをやってきたの。これはオールドスクールで、いままでどおりのアーティストのあり方だったと思う。だけどこの作品は、「そうか、音楽にはビジネスの側面もあるんだ」ってことを気づかせてくれた。いままでだと、「**はじめまして！**　ところで、ペイパルのアカウントは持ってますか？」って聞かれても、「ないわ」って答えるだけだった。単純なことだけど、いまではもう自分のためにそういうものも持つようにしてる。そしてそれはすごくいいことだと思っている。今後はこういう側面もちゃんとしていきたいって思っているんだ。

――それはきっと、そういうこともインディペンデントでいることの一部だってことじゃないかな？　つまり、そういう部分も自分でなんとかしなきゃいけないっていうことは。

CA　そのとおり！　この件でわかったのは、みんな本当に音楽産業のなかに捕らえられちゃっていて、実際に何が起こってるのかわかっていないっていうことだわ。冗談みたいな話だけど、今回のロックダウンで何か教訓があるとすればそれは、自分のビジネスに気を配ることが、結局は自分の健康に気を配ることに繋がるんだってことね。たとえばアメリカの保険制度は、ヨーロッパの大半とは完全に別物だったりするんだから。
　ツアーが全部キャンセルになったり、世界でいろんなことが起きているなかで、私がいま考えているのは、「この小さなホーム・スタジオがなかったら、自分の人生はひどいものになっていただろうな」っていうこと。もしそうだったらかなり鬱になってたとおもう——いまよりずっと浮き沈みを経験していたと思うわ。だから、自分は特権的な立場にいるんだって気づいたの。つまり、何かを創造することができる立場にいるんだって。だからこそ『クレプシドラ』ってプロジェクトは、「あなたが物を書くときの障害を乗りこえるため」のものになったわけ。私にとって創造することは、ずっと自分を癒してくれるものだったから。

――　聴く側はそれにちゃんと応えてくれているって実感はある？

CA　物を書く人間にとっての障害っていう発想に関しては、いくつかいい反応をもらったわ。もっと作品そのものに関しても反応がもらえたら嬉しいんだけど、何かよくわからないものを作ったときに言われるのはたいてい、「あれは変わってる」っていうくらいだからね。それだともう、なんとも返しようがないわ。
　私はジャーナリストじゃないけど、「あー、作品聴きましたよ、さっそく書いてみようと思います」なんていうことは、ありえないことだと思う。もしあなたがブルースの専門家だったりしたら、そういうこともあるのかもしれないけど。だけどこういう場合に問題になってるのは、作品《ワーク》でしょ。だとしたら研究しなくちゃいけない。いまはなんでも手っ取り早く簡単になっているけど、それで仕事《ワーク》をしなくてもいいってことにはならないんだから。自分にはアーティストが何を語っていて、どんな経歴をもってるかが正確にわかってるんだなんて決めてかかるべきじゃないわ。だからこそいまあなたも、私の成長について聞いてくれたり、政治との関わり方のこととか、社会のなかで起きていることに関する意識の話を聞いてくれているんだと思うしね。

——そういう話でいえば、ちょうど『クレプシドラ』の最後の曲について聞いてみたいって思ってたんだ。その曲のなかには、アミリ・バラカの素晴らしい詩（「ブルジョア芸術に抗して《アゲインスト・ブルジョア・アート》」）が組みこまれているよね。ひとりの人間として、またアーティストとして、バラカはあなたにとってどんな意味をもっているっていえる？

CA　それはもう、すべてね。私が詩をシリアスなものとして考えている理由は彼にあるわ。たんなる趣味とか、自分をなだめてくれたり癒してくれたりするようななにかじゃなくね。じっさい昔はそういったものだったの。ちょっとした手帳を持っていて、そこにいくつか詩を書いていたわけ。

　だけど2014年にアミリ・バラカが亡くなってしまうと、私はこう思ったの。「よし、真剣にやろう、いまがそのときだ」ってね。「跡を受けつぐ」なんていう気はないわ、なんでかって、アミリ・バラカに及ぶなんてありえないから——とにかく自分ではそう思ってる。だけどいずれにせよ、彼の死は私の背中を押してくれた。「おい、行けよ、いつまでも手帳を持ってベッドのなかにいるんじゃなくて、できるだけ表に出してみろよ」ってね。いまでもできるだけ前に進むことを学び続けている。もっとわかりやすく、もっとシンプルに、もっと明快になりたいって思ってるわ。

　あと、このプロジェクトでは、何人かの詩人を讃えたいとも考えてた。ソニア・サンチェ

2014年にアミリ・バラカが亡くなってしまうと、私はこう思ったの。「よし、真剣にやろう、いまがそのときだ」ってね。「跡を受けつぐ」なんていう気はないわ、なんでかって、アミリ・バラカに及ぶなんてありえないから。だけどいずれにせよ、彼の死は私の背中を押してくれた。

ズ（Sonia Sanchez）やアミリ・バラカ、ほかにも——このプロジェクトなのか次にやるプロジェクトなのか決まってないけど、ルシール・クリフトン（Lucille Clifton）ね。あとはマヤ・アンジェロウ（Maya Angelou）——この4人は、詩や戯曲にかんしての私の一貫したインスピレーションの源なの。そこには共通性があるし、運動があって、私はそこから糧を得ているの。

アミリ・バラカからはじまってる伝統にはいろんなものがあって、私もまだ挑戦したことないものも多いんだけど、なかでもいま気になってるのはジャズ・ポエトリーなんだ（訳注：一般にジャズのような即興性を感じさせる詩、ないしジャズやその演奏家を題材にした詩と定義される詩のスタイル。詩人／革命家として、60年代のバラカはそこに、黒人としての誇りの源泉を見いだした）。だから私の次の詩の本は、全体をジャズ・ポエトリーだけに捧げた章を入れるつもり。最終的には一冊の本にするつもりなんだけど、そのきっかけとして、とにかくやりはじめてみて、そこから何が起きてるか考えてみようと思ってる。

——つまりそれは、一冊まるごとジャズ・ポエトリーの本になるの？

CA 全部ジャズ・ポエトリーにするつもり。だけど、「全部がジャズ・ポエトリー」っていう言い方はちょっと違うかもね。だってジャズって同時に政治的なものでもあるから。いずれにしてもよりジャズそのものに近いものになるとはおもう。なによりもまずはリズム、それに生きているプレイヤーや亡くなったプレイヤーのこと。ページの上に言葉を置いていくなかで、本当にフリージャズの世界に飛びこんでいくことになるの。

もう書けている最初の一章はすごくいい出来なんだ。友人のオロフ・メランダーに連絡してみたら、すごい上手くいったの。彼にメールして、「ねえ、8曲とか10曲くらいでいいから、ジャズのループを送ってよ、この章を読んでみるから」って言ってみたんだ。そしたら……もう最高で！　彼はトラックを送ってくれて、それからすぐに録音したわ。それが上手くい

全部ジャズ・ポエトリーにするつもり。だけど、「全部がジャズ・ポエトリー」っていう言い方はちょっと違うかもね。だってジャズって同時に政治的なものでもあるから。

ったから、つづけてどんどん送ってくれて――ほとんど１００曲くらいビートを送ってくれたの。それではじめたのが『アンソロギア』ってシリーズで、すごくたくさん作ったから――一作目に入れたのもあるし、まだ出していないのもある。いろんなことが繋がって、また次のことに繋がっていくんだけど、でもいずれにしても出発点にあったのは、私が書いたジャズの詩だった。それがすべてのはじまりだった。

　だけどようするにそれが、書くってことだと思う。いつだって一番大事なのは書くってことなんだ。だってそれは、自分じしんを自分の知らないところまで連れていってくれるんだから。それが私のやろうとしていることなの。いま起きていることをできるだけ多く**書きだしてみること**。できるだけわかりやすく、急ごうとせず、圧力をかけたりせずに――とにかく外に出してみること。それが私の務めみたいなものだと思う。いや、「みたいなもの」じゃないわね。**それこそが私の務め《マイ・ジョブ》**なの。私はそれをシリアスなことだって理解してる――とくにアミリ・バラカみたいな人の名前を出して話すときはね。

――ほとんど天職《コーリング》みたいなものってことかな？

CA　そうね。あとは、自分と同じように詩人だと思える人、本当に重要だとおもえるひとを舞台に上げることもはじめてるわ。『アンソロギア０１』のときもそうだったけど、これからもつづけていくつもり。競争のためじゃない詩をやっている人のためのモデルというか、実例を示さなきゃいけないからね――そういうことこそが、この世界を解放したり、この世界にインスピレーションを与えることに繋がっていくものだから。

（６月25日、電話にて取材）

デトロイト・テクノとは気体だ。空間中の経路を伝わり、いかなる樹木にも根付くことはない。空間に拡散し、デトロイトは2時間のラジオ番組というテクノ都市の時間における濃縮を経由し接続する。テクノは「地理学（geography）が時間図形学（chronography）と入れ替わる」今日の時代の到来を告げる。その時代はヴィリリオが主張するように「時間に我々が住まうようになっている」時を意味する。（中略）サイボロトンの〝テクノ・シティ〟は時間都市、つまり時間にある都市のソニック・フィクションなのだ。

——コジュウォ・エシュン『More Brilliant Than The Sun』（1998）

INTERVIEW

UNDERGROUND RESISTANCE MIKE BANKS & CORNELIUS HARRIS

アンダーグラウンド・レジスタンス
マイク・バンクス&コーネリアス・ハリス

受け継がれる抵抗のスピリッツ

URが語るBLM、デトロイト、アメリカ、
そしてテクノの未来

取材＝野田努　by Tsutomu Noda　通訳＝魚住洋子　photos : M87

——Underground Resistance

We Never Surface（俺たちは決して浮上しない）

〝抵抗のアイデア〟——スピーカー・ミュージックことデフィレスト・ブラウン・ジュニア（Ｐ１０２参照）はアンダーグラウンド・レジスタンス（ＵＲ）をこう紹介する。それを受けてマイク・バンクスは自らを次のように説明する。「抵抗のアイデアは古くからある。重要なことはなにゆえそれがあるのかだ。俺たちアフリカ系アメリカ人には抵抗の精神が時代を超えて受け継がれているが、多くの友人たちと同じように子供だった俺とジェフ・ミルズもそうだった。俺たちの両親は教育を受け、マーティン・ルーサー・キング牧師の公民権運動をサポートし、反戦と動乱の60年代を生き延びてきている。その結果、ジェフと俺にも〝気づき〟がやって来たんだ」（『BLACK NATIONALIST SONIC WEAPONRY』より）

１９９０年にデトロイトで始動したＵＲにとって、音楽とはメッセージを伝えるファンキーな手段であり、社会を変革するためのインスピレーションである。それはいまも変わらない。利益重視の商業主義とは距離を置き、金以上のものがこの人生にあることを証明すること。その一途さが、グレッグ・テイトいうところの「音楽を伝えるのに巨大なエンターテインメント産業の歯車のひとつになる必要はないという前例」を実現させたのである。

この10年、世の中のトレンドはデトロイト・テクノとそれほどリンクしなかったかもしれないけれど、そんなことは親分（＝マイク・バンクス）にとっておかまいなしだ。彼らの〝アンダーグラウンド〟は続いているし、いまも未来を見つめてもいる。ＢＬＭのこともあって、滅多に取材を受けないことで知られるＵＲが久しぶりにインタヴューに応じてくれた。

「Riot EP」がいまも有効なことは悲しい

――デトロイトはいまどんな状況でしょう？

マイク・バンクス（MB） ここのところタフな時間が続いてるよな。マイク・ハカビー（編注：4月に亡くなったデトロイトのＤＪ、マイクの野球チームのメンバーでもある）をはじめ野球をやっている仲間や何人か知り合いがCovid-19で亡くなった。俺にはそれがいちばん大きなことだった。

若い人たちはストリートでプロテストをしているが、いまのところクレイグ警察署長はうまくみんなをまとめている。最初の一、二晩は緊張が走ったが、だいたいはピースフルにおこなわれているようだ。クレイグ署長はカール・クレイグの従兄弟で、デトロイトの学校を出ていて街に密着しているからみんなからリスペクトされているんだ。プロテスターも問題が起きないようにしっかりと行動していたし、警察もプロテスターが自分たちの主張をできるように見守っていた。誰でも意見を言う権利はあるから。クレイグ署長がこの先も長く勤めてくれればいいんだけどね。

緊張する瞬間はあったけれど、クレイグ署長は暴力的になっている人は必ずしもデトロイトの住人ではなく、外部からやってきて扇動する人たちだとわかっている、状況に関しての理解があったんだ。クレイグ署長は俺たちがやっているドラッグ・レースにも関わっていて、ストリート・レースのレーサーやレースをする場所を探してくれたりしているんだ。コミュニティに密着して、みんなからリスペクトされている。デトロイトは彼のおかげでＬＡや他の都市のような暴動が起きずに済んだ。

（編注：残念なことに、7月13日デトロイト市内で銃撃戦があり、ひとりの黒人青年が警察に射殺された。ＳＮＳ

では丸腰の黒人青年がまた警察に撃たれたという誤情報が拡散し、さっそく烈しい抗議デモが起きた。が、この青年は直前に至近距離で取り押さえようとした警官を銃で撃っており、クレイグ署長は抗議者たちへの状況説明として、その一部始終を動画公開している。また、このとき逮捕された黒人青年の仲間は独立記念日のギャングによる銃乱射事件に関わっていた疑いがある）

１９９１年に俺とジェフ（・ミルズ）が「Riot EP」（編注：2枚組でリリースされ、1枚にはブラックパンサー党への共感が示され、もう1枚にはただ「暴動のために炎を補強せよ」と記されている）をレコーディングしたのは、もう30年も前になるよな。その30年前には１９６７年のデトロイト暴動があり、さらにその30年近く前の１９４３年にはBelle Ilse（ベル・アイル、デトロイト川にある島で公園になっている）の暴動があった。レイシズムはアメリカの国に深く織り込まれた問題でずっと続いている。他の国の状況はよく知らないが、テクノロジーの進化が明らかに影響していて、今回のジョージ・フロイドの事件などが目の当たりになるようになった。２００年〜３００年前なら警察や法執行機関が逃げのびただろうことを、いまは携帯電話で犯罪の現場を捉えることができるようになった。

「Riot」の話に戻ると、あるとき車に乗っていたらジェフと俺が警察に理由なく止められて、じつに乱暴な扱いを受けたことがあった。最終的に逮捕はされなかったけど、違う結果になっていた可能性もあった。ただ、その晩のターゲットが俺たちではなかったということだった。俺たちは家に戻ってから怒りに任せて「Riot」を制作した。マシン、テクノロジーが俺たちにエネルギーを与えてくれた。今日でもこの曲のメッセージが有効だというのは悲しいことだ。

ジョージ・フロイドやその他の人たちが殺されたことをテクノロジーによって知らされて、そのテクノロジーをプロテストの手段として利用している人たちもいる。

この事態を解決するには、まずは警察の問題を解決しなくてはならない。アメリカには軍隊化した警察がいる。警察は軍備に巨大な予算をつぎ込み、他の国と戦争をしないのなら、市民を仮想敵

奴隷制がはじまって400～500年経って、いまだ「BlackLivesMatter」なんて言わなきゃいけないのは、本当に残念な話だ。頭がよくない人たちに訴えているとしか思えない。

として街中で戦争をしようとしているのではないかという勢いだ。メディアが犯罪者のステレオタイプ（ドラッグディーラーなど）を作り上げて、バカバカしい番組を流し続けていることも影響しているんだろう。ジェフ・ミルズやデリック・メイ、カール・クレイグがTVで放送されることはない。頭が悪ければ悪いほどクールで、牢屋に入ったらタフだとか、そういったバカげた黒人のステレオタイプを警察も見ている。ラジオも俺たちの敵だ。ラジオは黒人を排斥している。人びとを「教育」するからという理由で、モジョやジェフをオンエアから外した。ラジオは人びと（編注：黒人だけではなく、先住民、ラテン系、東欧系なども指していると思われる）に知的になってもらいたくないんだろう。

いまの状況を改善するには、警察は武器を捨てなくてはならない。手錠と棍棒だけで十分だろ。いや、棍棒すらもいらないかもな。俺たち市民は武器を持っていないんだから。それなのに警察が武器を持っているのはおかしな話だ。

俺は強制立ち退きの仕事を12～3年やっていたが、武器なんか持っていなかったよ。武器がなければ仕事ができない弱い人間なら警察官になる資格はない。刑務所の監視官でも武器を所持していない。世界でもっとも危険な人たちを相手にしている連中がだ。警察官がリスペクトしてもらいたいなら、武器を捨てコミュニティに尽くさなくてはならないと思うね。

もし警察が武器を捨てたなら、銃規制の法律も変わってくるかもしれない。そうすれば事態は変わってくる。警察官を守るために、いまは銃があまりにも蔓延しているがそれを規制するようになっていくだろう。これが自分がいま言えることのすべてだ。ジェフと俺はエレクトロニック・ミュージックに大きな希望を託していた。アメリカ以外の国では認められたが、ここではラジオは買収されていて、子供たちに悪影響を与えるようにプログラムされている。メディアが悪の根源とも言える。警察でもなく、市民でもなく、ステレオタイプを作り上げるメディアがいちばん悪いと思うね。

もうひとつ言いたいのは、デトロイトのアーティストたちがデトロイトを去ってヨーロッパや日本やいろいろな国で長い時間を過ごしていることを不思議に思う人たちもいるかもしれない。でもアメリカにいるとこういう事態にいつも直面しなくてはいけないということを理解してほしい。例えばジェフはアン・アーバーの警察に目をつけられていた（訳注：ネクタリン・ボールルームというクラブのレジデンシーでジェフは毎週プレイしていた）。警察は彼がかける曲が気に入らなかったし、ジェフをアン・アーバーから追い出そうとした。デリックにしたってカールにしたってみんなそういったストーリーを持っている。でも俺たちはいわゆるステレオタイプではないから、警察に撃たれることは避けられたけどね。

　アメリカは恐ろしいところなんだよ。海外から戻ってきて温かく迎え入れられるかと思ったら税関や入国でいちゃもんをつけられる。アメリカは俺たちにとっては決して自由や勇気の国ではない。黒人が好意的に報道されるのはオリンピックと戦争のときだけ。そのときだけアメリカ人で、あとはニガーだ。コーネリアスは大学の修士号も持っているインテリジェントな奴だが、彼でも警察からハラスメントを受けることはある。

コーネリアス・ハリス（CH）　ジェフがアン・アーバーでハラスメントを受けていたとき、僕は高校生でアン・アーバーに住んでいた。警察に苦情が来たのは、ジェフのイベントの日に黒人がたくさん集まるという理由からだった。学生の街に「危険要素」を持ち込むという理由で、ジェフはアン・アーバーから追放された。

（編注：郊外のアン・アーバーはデトロイトと違って中流家庭が多く、また白人も多い）

MB　デトロイト市内でも警察は問題だが、郊外に出るとさらにタチが悪い。日が暮れると黒人はターゲットになり、医者、弁護士、政治家、どんな身分であろうと関係ない。そうやって郊外と市内を分断している。これはデトロイトに限ったことではなく、バルティモア、フィラデルディア、アト

ジャッキー・ロビンソン、彼が野球をしていた時代を考えてみろ。彼は仲間から唾を吐かれても文句を言えなかった。そのくらい彼は強い精神を持ってなくてはならなかった。俺たちのしていることは常に先人たちの影響を受けている。

ランタなども同じなんだ。アメリカ中どこでも黒人は同じような状況下で生活をしている。
だからＤＪはなるべく海外でブッキングされるように長期間ホームタウンを離れているようにしている人も多い。でもそれは音楽に影響を与える。レイシズムは音楽にも影響を与えている、長く家を留守にしていればおのずと曲を制作する時間もなくなるからな。

URは敵意のある環境への危険な回答

――いまの抗議運動をどう評価していますか？

MB　奴隷制がはじまって４００〜５００年も経って、まだ「BlackLivesMatter」なんて言わなきゃいけないのは、本当に残念な話だ。頭がよくない人たちに訴えているとしか思えない。

CH　アメリカの黒人の歴史では、ある程度の成功を収めると必ずその成功を踏みにじろうとする力が現れてくる。オクラホマ州タルサは、豊かな黒人コミュニティが存在していたが、そこに爆弾が落とされた。アメリカ政府の飛行機からだ。街は破壊され多くの命が失われ、生き延びた人も街を去らなくてはならなかった。キング牧師をはじめ市民権運動があり、良い方向へと向かっていたが、政府は市内（黒人が多く住む地区）にクラック（ドラッグ）を持ち込み、ポジティヴな動きを止めようとした。これがパターンだ。過去の歴史においても黒人にとって様々な良いことは起こっていた。でもその後にすごく悪いことが起きるというパターンが繰り返される。オバマが大統領になったのに、その後トランプがきてオバマの功績を覆してしまった。黒人がいままで成功を収めてこなかったわけではない。ただその後必ず成功を破壊する勢力が現れるんだ。
　デトロイトに関していうと、警察が黒人に暴力を振るっているなか、黒人の市長が選出された。これで人種差別も改善されると期待されたが、巨大ショッピング・モールをデトロイト市外に乱立

し、デトロイトに住んでいる人たちが市外に金を落とすようになった。これは市の地元経済に大きな打撃を与えた。デトロイトが成功して前例にならないように力が働いたんだよ。レイシズムのない街が成功しないようにとね。

いまの状況はURの作品にも影響を与えているのではないでしょうか?

MB もちろん（現在の状況に影響を受けている）。だからここに居続けている。人びとは起き上がってくるよ。バカげた状況でもそれをくぐり抜けて人びとは立ち上がり、飛び立つんだ。オバマを見てみればいい。オバマは我々にとってとても大切だ。たんに良い大統領なのではなく、黒人の優れた大統領だったんだからな。彼は人びとに希望を与え、目標を与えたんだ。

　アメリカ黒人の歴史でも多くのヒーローがいる。デトロイトでいうと、ベリー・ゴーディ、あまり知られていないもう一人のデトロイトのヒーローはドン・デイヴィス（編注：ノーザン・ソウルの世界では有名）。音楽プロデューサーであり、俺のメンターで多くの影響を受けた。彼はその後デトロイトで初の黒人による銀行を開設した。彼は必要に駆られてそうした。ジェフと俺がURをはじめたようにね。そう、それは必要なことだった。パブリック・エネミーも必要だった。チャック・Dやフレーヴァー・フレヴ、プロフェッサー・グリフはああいう立場にいたから活動をはじめた。立場が彼らを作った。

　先日若い女性から「URは敵意のある環境への危険な回答」だと言われた。的を射た言葉だと思ったよ。30年前もいまもそうだ。考えてみれば、いま挙げたようなアーティストは誰もメジャーなラジオのサポートを受けていない。エアプレイしてもらうことは一度もなかった。パブリック・エネミーでさえもいまだったらエアプレイされないだろうな。80年代よりも現代のほうが状況はさらに悪化していると思うよ。

　ラジオは「失敗のためのプログラム」なんだよ。いまの大統領を見てもよくわかるだろう。いっ

たいどうしてこんなことになってしまったのか。憎悪、レイシズムはいつの世にもあった。だがいまは（白人が）思いのままの言動をするようになった。明るい未来とは到底言えないが、そのなかで闘ってきている人たちに俺はインスパイアされる。チャック・D、マルコムX、キング牧師、オバマ大統領……。多くの人がいる。ジャッキー・ロビンソン、彼が野球をしていた時代を考えてみろ。彼は仲間から唾を吐かれても文句を言えなかった。そのくらい彼は強い精神を持ってなくてはならなかった。俺たちのしていることは常に先人たちの影響を受けている。俳優ではシドニー・ポーティエ、ポール・ロブソン——彼は黒人コミュニティでしか知られていないがね。

デトロイトの教育システムは一時最低レベルで、白人の教師はほとんどいなくなってしまった。俺はラッキーで素晴らしい英語教師と出会った。彼女は教科書は使わずに、ジェイムズ・ボールドウィン（P176参照）などの黒人作家のことやほかにも思想家について、彼女のやり方で教えてくれた。もしも与えられたカリキュラムの通りの教育だったら、そういったことはいっさい学べなかっただろう。労働力を作ることだけが教育の目的なんだからね。工場に勤めるか、軍隊に入ることしか求められていない。教育システムは黒人を大きく不利にしている。俺は中学で金属溶接を習った。（制服の）ネクタイが挟まったら頭がぶっ飛んでしまうような巨大な機械があるところだが、なんで12歳、13歳の子供がそんなことを学校で習わなきゃならないんだ？

CH

僕は（郊外の）アン・アーバーの学校に行っていたのでデトロイトほど酷くなかったけれど、デトロイトでは黒人の子供の学校ではカリキュラムのすべてを教えていなかった。それでも州の統一テストがあって、当然のことながらデトロイトの子供たちの成績は悪い。それは勉強ができないからではなくて、必要なことを教えられていなかったからだ。教師は初めから諦めている。子供のせいではなくて、勉強をはじめる前から判断を下してしまっている大人たちのせいなんだ。

子供たちのなかには自分たちの置かれた環境に気がついて、デトロイト公立学校を訴えた子供た

ちがいる。自分たちが然るべき教育を受けられなかったと学校教育を提訴したんだ。流れに任せて不良《ワイルド》になるのではなく、自分たちが騙されたと正義を求める子供たちもいるんだ。ところが、ミシガン州の法廷が出した結論は、すべての子供が学校へ行く義務があるが、子供を教育しなくてはならない義務はないというものだった。子供たちが教育を受けることは保証しないというね。子供たちは告訴して、いまのミシガン州知事は示談したと聞いている。デトロイトの郊外の学校はもっと予算をもらっている。予算があれば本を買える。デトロイトの子供たちのなかには教科書を持っていない子供もいる。教科書なしでどうやって勉強しろというのだろうか。僕が教育に関わっていたとき、デトロイトの子供たちは素晴らしかった。彼を教えるのはとても楽しかった（編注：コーネリアスは教師としてデトロイト市内で子供たちに教えていたことがある）。悪ガキがいたとしても、エネルギーが有り余っているだけのこと……

MB マイク・バンクス、ジェフ・ミルズ、ケニー・ディクソン、オマー・S、みんなデトロイトの公立学校に行ってたんだ。そのなかをくぐり抜けてきた。

CH それしか方法はないからね。

MB そうやって這い上がってきた日常のヒーローはたくさんいる。例えば俺の野球のコーチ。ときには警察官がコーチしてくれたこともあった。当時、警察が子供と交流しようという動きがあったから。ほかに教会の牧師。そういった人たちがいなければいまの市は存在しないだろう。

　デトロイトは崩壊しているから救済しなくてはと言われるけれど、税金を払って真面目に働いてきた人たちはずっといる。バカにしないでほしい。感謝されないことは辛いものだ。軍隊に入って、バカな大統領に尽くしたとしても十分ではない。No Thanks to us なんだ。ありがとう、でも要りませんってことだ。

　だから俺たちは「Zero Is My Country（我が国は無）」という曲を作った。アンドレ・ホランドの曲で、

チャイルディッシュ・ガンビーノがあのヴィデオ(This Is America) を発表したときは衝撃だった。60年代以来でいちばんかもしれない。メッセージがまさに的を射ている。俺はあれをとても誇りに思うな。リリースしたレコード・レーベルも含めてね。

Interstellar Fugitives名義のどのアルバムに入っていたかは忘れちまったが（編注：１９９８年のファーストです）、この曲が意味するのはまさしくこのことで、俺にとって音楽を通してメッセージを発信する方が合っている。30年前の「Riot EP」のときのようにね。あのときもいまも同じメッセージを訴えなくてはならないのは本当に残念なことだよな。しかもいま、テクノを俺たちから奪おうとしている人たちがいる。考えられないだろ。だからミュージアムを設立したんだよ。黒人の子供たちにテクノを伝えていくためにね。だが、歴史を塗り替えようとしている人たちがいるんだよ。（編注：最近、某大手メディアに掲載されたテクノの歴史に関する記事のなかで、デトロイト・テクノは削除されていた）

　オクラホマ州タルサ（編注：１９２１年白人が繁栄していた黒人街を攻撃したタルサ人種虐殺）のことは知ってるか？　黒人は知っているけれど、学校で教えられたことはない。俺は教会で教わった。アメリカの白人の子供たちは学校の授業で、これまで黒人がどんな目にあってきたかを習うことはないんだよ。だからいま、彼ら白人もプロテストに加わっている。俺はこれをとても誇りに思うよ。#BlackLivesMatter、その通りだ。でなければこの国は何もテイストがなくなる。ブルースとジャズはこのくそったれの国から初めて生まれてきた文化だ。全世界に多大な影響を与えたのに、それを生みだしたミュージシャンたちは何も恩恵を受けていないけどな。

CH　アメリカは数百年にわたって奴隷制により無償の労働力を利用してきた。そのおかげで——無償の労働のおかげで多くの利益を上げて——短期間に現在のパワフルな国ができ上がった。奴隷制の辛い過去のことには触れたくないという人がいたとしても、それがアメリカの国の歴史の一部なんだ。だから当然この話題に触れなくてはならない。恐ろしい過去だとしてもね。

　トランプの「Make America Great Again」というスローガンがあるが、過去にアメリカがグレートだったわけではない。むしろアメリカの歴史の間違いを認め、より良くなろうとしたときに国はグレートになると僕は言っている。トランプたちは過去へと戻ろうとしているが、それは間違っている。過去に戻るとは黒人の参政権を剥奪し、黒人を意のままに殺すような時代に戻ることだ。警察の暴力はいままでずっと続いていることだけどね……。

奴隷船に無理やり乗せられて、暴力やレイプ、あるいは殺人に耐え抜いてきた我々の先祖の時代から、つねに攻撃されている環境で黒人は多くのことを達成してきた。文化的にも素晴らしい功績を残している。もしも、このような抑圧がなかったとしたら、もしも黒人の子供たちが本来受けるべき教育を受けていたとしたら……。いまもニール・グラス・タイソンのような素晴らしい（黒人の）科学者はいるけれど、もしも彼が多くの優れた子供のひとりに過ぎないとしたら……。アメリカは（黒人迫害の結果）苦しんでいる。黒人だけではなく、白人もだ。本来いるべき黒人の科学者、リサーチャー、医者などの存在が少ないために国の進歩が遅れている。だからアメリカがグレートになるためには、#BlackLivesMatterという事実を認めなくてはならない。アメリカの将来を左右する大きな問題だと思うけどね。

チャイルディッシュ・ガンビーノは素晴らしい

――メインストリームのポップ・カルチャーで共感したものがあれば教えて下さい。

MB 俺たちだってメインストリームの音楽を聴くよ。チャイルディッシュ・ガンビーノがあのヴィデオ（This Is America）を発表したときは衝撃だった。60年代以来でいちばんかもしれない。メッセージがまさに的を射ている。俺はあれをとても誇りに思うな。リリースしたレコード・レーベルも含めてね。そのほかでいまパッと思いつくのは……（2018年）ビヨンセが黒人のマーチ・バンドとコーチェラでパフォーマンスしたときは素晴らしいと思った（編注：彼女はそのとき黒人文化や歴史のあらゆる記号を散りばめた）。（URの）Rayはマーチ・バンドにずっといて、（子供の頃から才能ある楽器奏者

テクノの人気が出て、アナログシンセやキーボードが４０００ドル、５０００ドルというような高値で発売されて、金持ちだけの物になってしまった。でも金持ちの子供の生活はファンキーじゃないから、ファンキーな音楽はそこから生まれてこない。だから俺は機材会社にもっと安い機材を作って欲しいと頼んだ。

だったので）もしも大学に入れる教育を受けていたらきっと大学のバンドで有名になっていたと思う。それが彼の夢だった。しかし結局はそうはならずＵＲのメンバーになったけれどな（笑）。

—— ムーア・マザーやチーノ・アモービのような新世代は知っていますか？

MB ムーア・マザーは知ってる。会ったことがあって意気投合した。彼女の音楽も良いと思う。チーノ・アモービは聴いたことがないな。さっきも言ったけれど、ここにはラジオのプログラムが整ってなくて、オンラインで紹介してもらったりすることもあるけれど、なかなか新しい才能に巡り会う機会がないんだ。昔はギル・スコット・ヘロンだってラジオで流れたりしていたけどな。じつは若いグループでＵＲからリリースしようかと思っているバンドがいるんだよ……

CH ウガンダにWire Cutterというグループがいて、Indigenous Resistance（原住民レジスタンス）というＵＲからインスパイアされた世界的なムーヴメントの一員。このムーヴメントからは南米、アフリカなどいろいろな国のアーティストが素晴らしい音楽を発信している。ＵＲからインスパイアされていてもＵＲをコピーするわけではなく、彼らの観点から独自の音を作っているんだ。

MB 俺がいまいちばんのお気に入りのバンドだ。X-102の次にね（笑）。野田も気に入るはずだ。

ＵＲは新しいプロジェクトにすでにとりかかってる。もうしばらくの辛抱だ。いまに（リリースが）くるから。いままさにアルバムを制作しているんだ。若い子たちがたくさんいて、その才能を世界に紹介するのを楽しみにしている。そして、その才能が世界に変化をもたらすことをね。

この10年は工事に勤しんでいたし、持っている機材に飽きてしまっていたんだ。コルグから新しく発売された機材は、昔の機材のように反応がすごく速い。またしても日本人が変化をもたらしたよ。近頃の機材は値段が高過ぎて、ヒップホップ、テクノ、ハウスなど貧しいエリアから生まれてきたジャンルのアーティストには手に届かないモノばかりだろ。テクノの人気が出て、アナログシンセやキーボードが４０００ドル、５０００ドルというような高値で発売されて、金持ちだけの物になってしまった。でも金持ちの子供の生活はファンキーじゃないから、ファンキーな音楽はそこから生まれてこない。だから俺は機材会社にもっと安い機材を作って欲しいと頼んだ。そのとき、コルグのカトウ・タツヤという人が協力してくれた。彼のおかげだよ、また音楽を制作することになったのは。彼はトロントの学校に行っていたのでコミュニケーションもスムーズだ。以前アカイと連絡を取り合ったけれど、コミュニケーションの問題があって、できてきた機材は俺に使えるものではなかった。

Teenage Engineeringも良い会社だ。素晴らしい機材を作っている。安くて、機能的で、ファンキーだ。俺は正確性とかその他の機能は必要ない、ファンキーであればいい。新しいアルバムを楽しみにしている。この秋にも完成するかもしれない。若い子たちはまだ慣れてなくて、ミックスをしたこともないアーティストもいるから、学びながら制作しているというところだ。URの他のアーティストも参加する予定だよ。長いこと経済的に新しいアルバム制作をできる環境でなかったからね。

サブマージのメール・オーダーも復活する予定だ。この夏に再開しようと思っていたがCovid-19で延期せざるを得なかった。フレッシュなスタートを切るつもりだ。35年間音楽を作り続けてきて、休止が必要だった。姉（サブマージをずっと手伝ってきた）の具合が悪くて、そんな状態にするためにサブマージを続けてきたわけじゃないと思ったし、でも俺たちは可能性に向かって動くのが好きだ。コーネリアスと俺はこの街で若いプロデューサーにチャンスを与えられるようにと働き続けている。若い才能はたくさんある。しかし機材がなかったり。俺たちは機材会社からスポンサーを受けたり、購入したりして彼らに機材を与えている。

たったいま新しいチームができ上がりつつあるんだよ。野球みたいにメンバーがトレードされたり、入れ替わったり、新しい出発だ。いずれまたチャンピオンになるよ（笑）。結局いつも野球の喩えになってしまうな……（笑）。どのチームでも新しいプレーヤーは必要で、そうやって勝利を狙うんだぜ。

アフリカがテクノを進化させている

――最後に、Wire Cutter について。

MB　彼らをデトロイトに招待するつもりだったけれど、コロナで中止せざるをえなくなった。母が存命のうちに呼びたいと思っているけどな。アフリカに触れてもらいたいから。残念ながら今年のコンサートはキャンセルになってしまったけれど、コーネリアスが再度企画している。俺はアフリカのテクノをとても誇りに思うよ。ディープだしとてもエキサイティングだ。アフリカがテクノの地図に加わったことも、新しいアルバム制作に影響している。ものすごく素晴らしい。インドやアフリカがテクノのグローバル・トライブに参加してくることはグレートなことだ。こういったグローバル・トライブがレイシズム撲滅に貢献すると思っている。

　俺たちは音楽を提供し、その音楽がどんな力を持つか見守るだけだ。世界がひとつになることを願っている。俺たちが使う機材はテクノを愛する人たちが開発していて、そういう意味で将来は明るいと思っている。アメリカの状況は暗いけどな。俺たちはたいして評価もされずにきているが、べつに有名になる必要なんかない。オバマ大統領でさえ正当に評価されていないんだから、自分はまったく期待していない。ただ、昔日本のメタモルフォーゼで（X-102として）スペシャルなパフォーマンスをしたときのように、アフリカにスペシャルなことをもたらすことを期待している。俺はテクノを紹介すれば世界が変わると思っているんだよ。

（6月16日、ＺＯＯＭにて）

俺たちは音楽を提供し、その音楽がどんな力を持つか見守るだけだ。世界がひとつになることを願っている。俺たちが使う機材はテクノを愛する人たちが開発していて、そういう意味で将来は明るいと思っている。アメリカの状況は暗いけどな。

#BlackLivesMatter
BLMの版図、あるいは警察予算の撤回をめぐって

文＝新田啓子　by Keiko Nitta

（にったけいこ）１９６７年東京生まれ。１９９９年ウィスコンシン大学マディソン校博士課程修了（Ph.D.）。専門はアメリカ文学・文化理論。現在立教大学文学部教授。著書に『アメリカ文学のカルトグラフィ』（単著、研究社、２０１２年）、『ジェンダー研究の現在』（編著、立教大学出版会、２０１３年）、『ブラック・ノイズ』（訳書、みすず書房、２０１０年）、"Reception of African American Literature in Prewar and Postwar Japan," Oxford Research Encyclopedia（項目執筆、２０１７年）など。

ブラック・ライヴズ・マターをまとめる——5年前なら、これはそれほど躊躇なくできる作業であった。だが、これが運動になってまる7年、もうそのようなフェイズにはないし、躊躇なくまとまる程度の解説が必要とされているとも思えない。すると皮肉ながら、本稿は、私が自分なりに築いてきたアメリカ黒人社会観に、即した話にとどまるだろう。この間の運動の広がり、さらにはここ数ヶ月間の世界的な波及の軌跡は、この現象を全方位的に、あますことなく記録することの難しさを印象づけるばかりに見える。無論、興味深い点を指摘するだけなら、難しくはないのだが。

たとえば、ＢＬＭが長きにわたる議論を引き継ぐ人種的な収監格差に対する批判。２０１７年、刑務所に収監中の黒人男性人口は、同白人男性の7倍にのぼっていたのであるが（1）、こうした数字は、合衆国が典型的に得意としてきたマイノリティへの暴力の型を、改めて示すものである。これはつまり、バラク・オバマが廃止を約束しておきながら、依然として存続中のキューバのグアンタナモ収容所や、イラク戦争時の捕虜虐待が世界を震撼させていたアブグレイブ収容所の、今日的な表れであろう。これだけ見ても、ＢＬＭが世界的に波及する根拠は尽きないだろうし、その争点の分析から、かなりの精度で現代アメリカの謎を解くことができるように思われる。ただ、それについてはまた改めて考えることにし、ここではおそらく、ＢＬＭが提案している政策課題のなかでも特に、ドメスティックで微視的な事例に、いくらか歴史的な注釈をつけてみたいと思う。

　ＢＬＭとは何か、それはおそらく、黒人の命を保障せよという定言命法に目覚めた者を、それぞれの地域社会でオーガナイズすることを、目指す活動を意味している。現在では、草の根的な運動の支援財団として存立しており、それがアメリカ国内外に16の支部をもつことは、ウィキペディアにも書かれているし（２０２０年7月9日閲覧）、啓蒙のより直接的なベースであろうウェッブサイトも当然ある。だが、そうした機構のプロフィールは、個別の活動がなんであるか説明し尽くすものではない。

　示威行動も、マスメディアにカヴァされ、日本にまで届くものをはるかに超えた事例がある。たとえば２０１８年、カリフォルニア州サクラメントでは、22歳の黒人男性ステフォン・クラークが、握ったアイフォンを武器と勘違いされ、警官2人にほぼ背後から20発撃たれて亡くなるという事件が発生している。このケースをめぐっても様々な抗議行動が起きていたが、ＢＬＭがデモ行進を統括し、結果的に、捜査中の警察官は、彼らの行為を記録するボディカメラを、恣意的に切ってはならないという規則などが作られた（2）。

だからBLMは、報道で目に入っている事件への「反応」をはるかに超えた、人種主義をなくすための抗議の連続体だと定義できる。端的に、「人間解放の連続体 the continuum of human liberation」と、位置づけることも可能であろう。つまり、公民権法成立以後も、いちいち騒ぎ立てるべき問題ではないとして、捨て置かれてきたこのような事例を、「警察官の残虐行為 police brutality」と再認識させるため、さらに黒人が殺されることを阻止するための、連続的な行動理念がBLMだということである。人間解放の連続体、この秀逸なコンセプトは、2014年、BLMを広く世に知らしめた、マイケル・ブラウン殺害事件に端を発する、ミズーリ州のいわゆる「ファーガソンの乱」において、抗議行動を主導した1人、ジャマラ・ロジャースのものである(3)。

このように、各地で連鎖的に起き続けているプロテストは、常軌を逸した特殊な個人の異常な蛮行というよりは、放っておけば黙認されてしまうであろう、ある人々が日常的に被っている不正義の可視化を意図した運動とも呼び換えられる。さる5月25日、ミネアポリスで惨殺されたジョージ・フロイドの痛ましい姿、かたや慣れた様子で全体重を膝にかけ、ポケットに手を突っ込みながら、これ見よがしに彼を窒息させた警官、デレク・ショーヴィンの醜悪な姿は、いまだ後味の悪い残像を結んでいる。だが、BLMには、その背後にある数知れぬ殺害、そしてそれを葬った歴史の告発が連なっている。運動には、黒人の命を特殊に問題化する事由があり、その問題の提起には、警察予算の打ち切り(defund)など、相当にラディカルな社会の変革が賭けられている。日めくりカレンダーの素材程度の俗情に訴えるいい言葉、「すべての命は大切だ」とは、由来も次元も違うのだ。

しかしBLMが、運動を志す人々の連帯支援の集積である限り、「すべての命」の問題にも、固有の仕方で取り組んでいるのが実情である。今日、合衆国の全人口の12パーセント強を占めるアフリカ系は、時に同国マイノリティにおけるマジョリティと称されてきた。多文化主義が謳わ

via : CrimethInc.

れた1990年代、マイノリティ問題は、むしろ黒人問題に集約されてはならないという論調が台頭した。人種・民族問題の再考を求めるこの立場は、スパイク・リーが『ドゥ・ザ・ライト・シング』（89年）において先駆的に描いたような、アフリカ系とヒスパニック、韓国系、またユダヤ系など、いわば民族間の闘争と、黒人以外のマイノリティの承認こそが、公民権運動以後の時代における新局面だと論じていた。

果たして、BLMのスコープは、この文脈で起きた2つの大事件、つまり91年のロドニー・キング殴打事件と、ロサンジェルス暴動（92年）の関係性の捉え方への、新たな可能性を開いている。つまり、アフリカ系とそれ以外のマイノリティの問題は、相互排他的に存在していたわけではないという認識である。

ロドニー・キング殴打事件とは、同3月、ロサンジェルス市警の白人警官4人が、スピード違反の疑いで職質を試みた黒人男性、キングを空き地に連れ込んで、壮絶な暴行を加えた事件だ。隠蔽された可能性のある一連の行為は、買ったばかりの家庭用ハンディカムの試し撮りを楽しんでいた近隣の家族、ホリディ一家に偶然に撮影された。テレビ局に持ち込まれた映像によって全米に知れ渡ったこの事件は、通行人の撮影と動画投稿から発覚する、今日の警察官の暴行事件のプロトタイプといえるだろう。この事件の映像はまた、スパイク・リーの『マルコムX』（92年）のオープニングで使用され、長く警察暴力の象徴のように扱われてきた。

しかし翌年、4名の被告人は、白人ばかりの陪審員から無罪評決を得るにいたる。すると、マイノリティで占められるロサンジェルスのインナーシティの住民の不満が爆発し、即座に蜂起に発展した。火に包まれるサウスセントラルやコンプトン、また破壊や略奪の標的となるも、警察には守ってもらえず、自警団を組織して応戦を試みる韓国系の移民の姿は、世界中に報道され、憎しみ合うマイノリティや、「アメリカの分裂」を不気味に示す図柄とされた。

ちなみにキングが暴行を受けたのとほぼ同時期、黒人の子供の常習的な万引きに悩んでいたというサウスセントラルの韓国系女性商店主が、15歳の黒人少女ラターシャ・ハーリンズの盗みを疑い、射殺するという事件があった。なぜ韓国系とアフリカ系にことさら不和が生じるのか、もっともな議論が多々生まれたが、いま明らかなのは、こうしたいわゆる「分裂」の根本理由に、やはり警察の機能不全があったということである。彼らは一方のキングには、過剰な暴力で襲いかかり、他方の地域争議には、ひたすら不介入と放置を決め込んでいたのである。ならば警察がもたらすはずの、地域社会の安寧やセキュリティとは、いったい何を意味しているのか。

ＢＬＭが変革をもたらそうとしているものが、キングとフロイドを結ぶこの30年に横たわった「変わらなさ」であるとしたら、この運動の中核的な方法論である「連帯」、さらにいえば「コミュニティ・オーガナイズ」は、確かに唯一の実質的な切り札として浮上してくる。刑事司法の不正をただし、意義ある組織を再編成するために、警察予算を抜本的に見直そうという、先にも触れたディファンディングという目的は、マイノリティ同士の分裂を埋め、コミュニティを建て直すことと表裏一体であることが、ＢＬＭの前史にあたる事例のなかにも、鮮やかに示唆されているのだ。

では、再びＢＬＭとはなんであったか。教科書的にはこのように理解されている。この運動は、２０１２年フロリダ州で起きた、ヒスパニック系自警団員ジョージ・ジンマーマンによる、黒人少年トレイヴォン・マーティンの射殺事件に端を発する。小雨のそぼ降る2月の夕刻、パーカーのフードをかぶり、買い物を済ませて滞在先へ戻ろうとしていた彼のあとを執拗につけ回して発砲し、正当防衛を主張したジンマーマンは、1年半後、無罪となった。メディアが騒ぎ、社会に失望や怒りが広がりかけた時、ロサンジェルスのパトリース・カラースとオークランドのアリシア・ガーザが、ハッシュタグにしたこの標語 #BlackLivesMatter をもとに、連帯を呼びかけた。さらにニューヨークのオパール・トメティは、そのメッセージをいち早く組織化し、ブルックリン橋やタイムズ・スクエアで最初の大規模行動を起こした。

ＢＬＭの創始者であるこの三人の女性たちは、いずれもみずからを解放思想家やアクティヴィスト、コミュニティ・オーガナイザーと名乗ってきた。特に注目に値するのは、このコミュニティ・オーガナイザーという肩書きである。これは、オバマが世に出てきたのと同時に、初めて市民権を得た生業だ。地域住民のニーズを汲み上げ、そこに潜む問題を可視化し、その解決のために必要な政策を提言していく、いわば議員未満の政治のプロを指している。彼らが対抗しているのは、支持基盤がもつ既得権保護の原理でしか動かない議員政治家にほかならない。ちなみに18年の中間選挙で、ニューヨーク州から、史上最年少の連邦下院議員として選出されたアレグザンドリア・オカシオ＝コルテスは、バーニー・サンダースの影響下から飛び出してきたオーガナイザーの一人である。

さて、コミュニティ・オーガナイザーとは、このように、自分を支持する人々の集団を作るのではなく、地域で不利益を被る人、公的サーヴィスから外されていることから、貧困や諍い、それに発端する犯罪や非行など、安定を遠ざける諸要因のしわ寄せに、足を取られた人々の利害を、結集するのを仕事としている。「黒人の命」も、殺人や病死など、実在の人生から見出された実態に即して多面的に定義され、特定のメジャーなイメージが特権化されることはない。くだんの警察暴力が代表する刑事司法に奪われる命から、オバマケアの破壊による健康保険制度の不備が――特に現下のコロナ禍のもとでは顕著に――奪っている命まで、黒人の命にも、個々具体的なヴァルネラヴィリティ（暴力誘発性）が関与してくる。

仮に19世紀初頭の奴隷ナット・ターナーに起点を置くと、アメリカ黒人の抵抗の歴史は2世紀間におよんでいる。そこに位置づけても、ＢＬＭが特に成果をあげていると思われるのは、その組織化が、いまのところ極めて稀有に、「黒人」という利害集団の抽象化を掘り崩すような、運動の共闘者であるとともに受益者としてカウントすべき住人を、繊細に救いあげてきれていることだろう。先の３名を紹介するＢＬＭの公式サイトで、ガーザは特に、刑事司法の人種差別の被害者像が、「黒人シス男性」に固定化されていることに対する懸念を明記してもいる（20年7月16日閲覧）。

「シス男性」とは、生まれた時に親などによって「男」と登録されており、かつそれに対して違和感をもたない男性のジェンダーを表している。この、いわゆる「シスジェンダー」の客観化は、「生来の」ジェンダーに違和感を抱く、「トランスジェンダー」の認知に伴い行われた。確かに黒人男性が、警察官にとどまらず、差別感情をもつシヴィリアンの暴力の標的にもなっていたことは、マーティンのほか、今年2月、ジョギング中に白人親子に射殺されたジョージア州のアーマド・アーベリーの事件からも明らかである。だがこの数ヶ月、BLMは、トランスジェンダーの殺人被害者、たとえばフロリダのトニー・マクデイドや、ミズーリのニーナ・ポップの名前の記憶を世に求め、人種とジェンダー、性的指向の交差性（インターセクショナリティ）という、実は70年代後半以来、ブラック・フェミニストがずっと訴えてきた概念に対する幅広い理解を、かなり効果的に獲得したと思われる。

安全が保障されている生とされていない生、その間の不均衡の是正を政策課題化しようとする時、トランスジェンダーの存在を梃子に、黒人の命に対する意識の刷新を求めることの有効性は、シス男性の陰に隠れて忘れられていた人々の、認知を促すことだけではない。しばしばジェンダーやセクシュアリティを軸とした「分断」から語られる、黒人内部での連帯の意味づけが変革される可能性があるのである。黒人男性社会におけるホモフォビア、奴隷制にまでさかのぼるとされている男女の不和（4）、白人社会への同化において、より成功していると見える女性への恨みに根ざした黒人男性のフェミニズム嫌悪（ブラックラッシュと呼ばれている）……（5）。そのどれもが「神話」の側面をもつが、現実の暴力や緊張を、生んでいることもまた事実である。

連帯の模索という方法論は、マイノリティのコミュニティ内部の抗争に、必ずや向き合うものとなるはずだ。ロサンジェルス暴動の時代、この問題は、多文化社会の新たな病理と、謗られていただけだった。人種リーダーとされる者も困惑気味に、せいぜいがその元凶として、女性に敬意を払わないギャングスタ・ラップを非難することしかできなかった。果たしていま、ＢＬＭは、ついに新たなコミュニティのオーガナイズに成功することができるのだろうか。セキュリティを名目に、パトロール警官に重装備を提供し、武器使用の権限を拡大してきた現行の政策が、市民を守るという趣旨に逆行しているという事実は、すでに十分過ぎるほど明らかだ。では、そんな警察機構から引き上げた財源を、どのように配分すれば、マイノリティが協調し、安定して生きながらえることのできる社会が可能となるのか。この運動最大のチャレンジである警察の解体と予算の撤回、それは、どうすれば黒人たちをオーガナイズすることができるかという問題の模索と連動しているのである。

1　２０１７年版、合衆国刑事裁判統計による。
2　この事件はジョージ・フロイド絞殺事件後、様々な文脈で、再び言及されることが増えている。たとえば２０２０年6月7日付『ワシントンポスト』を参照。Arelis R. Hernández and Scott Wilson, "Black Police Chiefs Express Anger and Dismay as They Try to Change Their Departments from Within."
3　Jamala Rogers, Ferguson Is America: Roots of Rebellion. Mira Digital Publishing, 2015.
4　白人男性奴隷主による黒人男女両方の性の植民地化に、端を発するといわれている。20世紀前半、黒人最初の社会学者として登場し、学界を代表するような地位に上り詰めたＥ・フランクリン・フレイジャーにさかのぼる説明。
5　黒人奴隷の生を「社会的死」と呼んだことで知られる著名な社会学者、オーランド・パターソンの言葉。

Fruitvale Station

普通の暮らしを送れることの大切さ

ライアン・クーグラー監督『フルートベール駅で』(2013)

文＝三田格　by Itaru W. Mita

©2013 OG Project, LLC. All Rights Reserved.

『バッド・フェミニズム』（亜紀書房）の著者、ロクサーヌ・ゲイによると２０１３年に「ブラックライヴスマターのサウンドトラック」とまで言われた作品だという。それぐらいブラックライヴスマターに関心を寄せた人たちが観た作品だと。ジョージ・フロイド事件が起きた後に観た人はフロイド事件のドキュメンタリーにしか思えなかったかもしれない。実際には２００９年にカリフォルニアで起きたオスカー・グラント三世射殺事件を題材とした作品で、警官が主人公を撃った瞬間、もうひとりの警官が「なんで……」と戸惑っているところまでジョージ・フロイド事件と似通っている（同じような事件が常に起きていたことがよくわかる——多くのケースとの違いは警官が不起訴にはならず、有罪になったこと）。当時、映画学科の大学院に在籍していたライアン・クーグラーは「オスカー・グラント三世が生きていた最後の１日」としてこの

『フルートベール駅で』
DVD発売中　3,800円（税別）
発売・販売：東宝
©2013 OG Project, LLC. All Rights Reserved.

事件を映画化。実際の映像をまじえつつ、彼の一生がどのようなものであったかを丁寧に描いていく。「丁寧だ」と感じたことのひとつにグラントの親戚が一堂に会して食事をするシーンがある。黒人といえば貧困という図式ではなく、あまりにも……あまりにも普通の暮らしぶりなのである。意外と見たことがなかった光景というか（ジョン・ランディス監督『星の王子　ニューヨークへ行く』（88）が初めて黒人をステロタイプには描かなかった作品だとされているものの、それでも「普通の暮らし」とはほど遠い）。グラント家の食事はそこだけを見れば是枝裕和監督『歩いても　歩いても』（08）のミニマリズムと何ひとつ変わらない。そして、警官の暴力がどれだけ「唐突」にこうした日常をぶち破ってくるものなのかが思い知らされる。

記憶、そして未来へのオマージュ

ジェフ・ミルズが語る、BLM、教育問題、
そして新プロジェクトのザ・ベネフィシアリーズ

構成＝三田格 by Itaru W. Mita 通訳＝魚住洋子

INTERVIEW

JEFF MILLS

ジェフ・ミルズ

デトロイト・テクノ第二波の中心的存在だったアンダーグラウンド・レジスタンスを早々に脱退したジェフ・ミルズはソロになってからほぼ独力でハード・ミニマルというタームをテクノにもたらした。新しいものに飛びつくことが常態化していたＤＪカルチャーでも、ジェフ・ミルズがやろうとしたことを理解するには2年も3年もかかり、１９９４年に初めてジェフ・ミルズが日本でハード・ミニマルのＤＪを披露した際は、ショーがはじまった途端に会場から出ていってしまう人たちも少なからずだった。それは快楽主義が起爆剤として機能していた文化に「コンフリクト（軋轢）」を持ち込み、快楽に流されることだけがダンス・カルチャーではないとジェフ・ミルズが訴えた結果でもあった。レイヴ・カルチャーはたしかに快楽主義がある種の突破口を開いたものである。そのパワーは計り知れず、１９８７年も、１９８８年も、１９８９年も、１９９０年も、１９９１年も、１９９２年も忘れがたい年となった。それはクラウドがいつも同じ音楽で踊り続けていたわけではなく、音楽の内容が常に更新されていたからで、様式化されなかったことがパワーの持続につながったのである。ハード・ミニマルの後にもドラムン・ベースやビッグ・ビート、フレンチ・タッチにダブステップと、いや、よく出てきたものだとは思う。

　ジェフ・ミルズのハード・ミニマルは、「快楽主義」という文脈でもそれまでとは別次元の体験となった。最初は理解されなかったかもしれないけれど、ハード・ミニマルがダンス・カルチャーに持ち込んだ「コンフリクト」は次の扉を開く大きな契機となり、それから5年後にはテクノどころかトランスのシーンもハード・ミニマルで覆い尽くされてしまうほど威力を発揮した。ジェフ・ミルズに続いたプロデューサーも多く、一時期はレコード・ショップに並ぶ新譜はすべてハード・ミニマルかその類似品となってしまった。あるいは、その余波は現在もまだ続いている。重々しいクラシックをサンプリングしたルーマニアン・ミニマルなどという「傾向」まで出てきた。ジェフ・ミルズによれば、そのようにしてジャンルとして定着した「ミニマル」は「自分とは関係ないもの」だそうですが。

　2010年代に入ってジェフ・ミルズはジャズやクラシックに手を伸ばし、新たな音楽性の探求を続けている。オーケストラが全員でリズムしか演奏しない『プラネッツ』(17)も会心の一撃だった。そんなジェフ・ミルズが詩人のジェシカ・ケア・ムーアを誘ってザ・ベネフィシャリーズ（The Beneficiaries）という新たなプロジェクトをこの7月に公開する。「デトロイト」をテーマとした作品で、かつてなく言葉に比重がかかったアルバム『The Crystal City Is Alive』が完成。これまでとはまた変わった傾向の作品について（シカゴからマイアミに引っ越した）ジェフ・ミルズに話を訊いた。

「Black History Matters」も重要

野田（以下、N）　ザ・ベネフィシャリーズ、とても良かったです。その前にうかがいたいんですけど、最近、〈アクシス〉はエディ・フォウクスやバイロン・ジ・アクエリアスと契約を結んだんですよね？

ジェフ・ミルズ（以下、JM）　エディ・フォウクスはザ・ベネフィシャリーズのプロジェクトに参加してもらったんだ。バイロン・ジ・アクエリアスはフル・アルバムを〈アクシス〉のために録音してもらっている。バイロンの作品にはずっと注目していて、コンタクトするまで2年近くフォローして、やっと声をかけたんだ。

N――なるほど。では、本題に移りましょう。いま起きている抗議運動からどんなインスピレーションを得ていますか？

JM――（プロテスト自体は）今回が初めてな訳ではない。アメリカの黒人は60年代以降、いつもプロテストし、マーチしてきた。常に戦う目標があったからね。でも、今回はちょっと違う。いまの若い世代からは状況を恒久的に変えようとする強い意志を感じる。一時的な変化ではなくて。時代が移り変わったとも言える。たとえ今回、すぐに結果が出なかったとしても、人びとの考え方に確固たるものが生まれたんじゃないかと思う。今回の闘いに敗れたとしても、闘いはこれからも続くし、いままでの世代とは違う新しい世代の新しい思想が生まれてきていると思う。

三田（以下、M）――新しい形というのはシアトルに自治区ができたり、いままで見たことがないパターンのやり方も出てきたと思うんですけど、そのなかで評価できることは何かありますか？

JM――黒人に悪意を持つ人びとがいるということが、白人を含めて広く認識されたことだね。警察の暴力がカメラに捉えられたことで、いままで何十年もの間、人の目に触れることがなかったそれらの暴力や差別があからさまになった。警察や地方自治体の機関を信用できないということを人びとが悟った。彼らの目的は我々を助け、護ることではない。我々の利益が彼らの利益ではない。いままで以上に、自分たちで自分たちや街を守ることが必要とされている。警察が機能していないことがニュースのカメラで明らかにされた。いままでもリンチなどは何十年も起きていたことだ。ただ、いまはスマホのおかげで多くの人が見るようになった。

（三田註：２０１３年に#BlackLivesMatterが起きた時、事件現場は誰にも撮影されていなかった。ファーガソン事件を受けて、オバマ大統領が警察官の行動を記録するために5万台のカメラを警察に常備させた……にもかかわらず、そのカメラが回されることはなく、４Ｇのスマホが普及したことで、民衆はショート・ムーヴィーをシェアすることが可能になった）

今回の闘いに敗れたとしても、闘いはこれからも続くし、いままでの世代とは違う新しい世代の新しい思想が生まれてきていると思う。

N 新しさという意味でブラック・ライヴス・マターをどう評価していますか？

JM ブラックライヴスマターは、今日起きていることを要約するフレーズだね。でも、言葉通りではなく、もっと深い意味がある。単にLife（命）がMatter（重要）なのではなく、黒人の夢、黒人の野望、黒人の思想も重要だ。僕が思うにはライフ（命）は全体の小さな部分にしか過ぎない。アメリカの黒人は単に肌の色だけの理由で、いろいろなことを達成することができずにきた。ブラック・ライヴス・マターには命を取り巻く周辺のあらゆる要素も含んでいる。いまはこのフレーズを使うのがわかりやすいだろう。ブラック・ライヴス・マターはいまの世代の気持ちを代表している。でも、その次元は深い。重要な要素のひとつに「Black History Matters」ということがある。黒人はアフリカ大陸のあらゆるところから奴隷として連れてこられた。だから我々の歴史は多くの国、文化とつながっている。でも、アメリカの学校教育では、我々がどこからきたのか習うことはない。自分たちの祖先に関して知っておくべきことは何も習わない。奴隷制からジム・クロウ法など、黒人に大きな影響を与えたことは隠蔽されて、歪められていて、僕は60年代後半に子どもとして学校で学ぶことがすべてだと思っていた。子どもってそういうものだろう？　70年代に入ってブラックパンサー党が台頭してきて、初めて「ブラック・パワー」という言葉を聞いて、アフリカとのコネクションを知り、そこから真実を探るようになった。

サン・ラーはなぜ土星なのか

M 歴史の授業では何を教わるんですか？

JM 公立教育の教科書はすべてテキサス（訳注：南部の保守的、共和党の州）で印刷されている。教科書に黒人は登場してこない。白人だけ。彼らの生活について語られ、彼らの生活を手本にするように教えられる。小さなうちから白人を手本にするように習慣づけられるんだよ。自分たちの生活は無視される。これは学校教育では一貫した姿勢なんだ。運が良ければ高校で黒人の歴史の授業があるかもしれないけど、内容は限られていて、うわべをなぞるだけの薄っぺらいものだよ。世界史もあるけれど、それも内容が浅い。これらの授業を受けるまでは基本的に白人の歴史だけを学ぶんだ。

M　そっかー。じゃあ、自分が何者だかぜんぜんわからないんですね。

JM　その通り。冗談でよく黒人は「自分たちがどこからきたかわからない」と言うけれど、それは真実なんだよね。だから、自分の人生や歴史をゼロからはじめても同じというか、そういうことを思いつくのも理解できるんだよ。よくサン・ラーのことを考えるんだ。彼のしたこと、自分独自のリアリティを創り上げたこと。土星出身だと主張して、生きている間、ずっと自分のホーム・プラネットへ帰ろうとしていた。音楽も彼のまわりのすべてのことが、その思想に基づいてつくられた。この国がこういう状態だからこそ、あり得たことなんだ。

M　ジェフは、自分がどこからきたのかわからないとか、そういうことで悩んだことはあります?

JM　もちろんだよ。

M　若いとき?

JM　青年期になって育った環境から距離を置くようになった頃かな。一番はっきりと感じたのはニューヨークに移住したとき。イタリア系アメリカ人の友人が多くいて、彼らが自分たちの先祖やイタリアの歴史に関してよく知っていることに感心したんだ。家族がイタリアのどの地区の出身なのかとか、いまでもコネクションを持っていて。それに比べて僕は歴史を振りかえってもせいぜい2世代だから。しかも僕の先祖はこの国で奴隷として辛い人生を歩んでいたのだ

1年前、ワシントンの国立アフリカ系米国人歴史文化博物館に行ったんだ。展示のほとんどは奴隷制に関するものだった。たしかにそれは黒人の歴史の大きな部分だけど、白人の歴史博物館で奴隷制についての展示があるところはない。僕は４００年に渡って存在した奴隷制を黒人だけに押しつけることには反対なんだ。

ろう。だからアメリカ黒人は４００年の奴隷制を超えた歴史を見ようとする。それでアフリカに回帰しようとするんだ。アメリカでの奴隷の生活よりもよかったはずだから。

M　具体的過ぎて、なんか、涙が出ちゃいますね。

JM　アメリカの奴隷の歴史は常に黒人の歴史として語られる。でも現実には白人の歴史でもある。彼らが奴隷制をつくり、利益をこうむった。それはアメリカ人だけではなく、オランダ人、フランス人、イギリス人にも当てはまる。奴隷制は黒人にも白人にも関わっていることだよ。１年前、ワシントンの国立アフリカ系米国人歴史文化博物館に行ったんだ。展示のほとんどは奴隷制に関するものだった。たしかにそれは黒人の歴史の大きな部分だけど、白人の歴史博物館で奴隷制についての展示があるところはない。僕は４００年に渡って存在した奴隷制を黒人だけに押しつけることには反対なんだ。

N　２００８年に再構築されたX-102の『Rediscovers The Rings Of Saturn』で、ハード・テクノとアンビエントが混ざり合ったりしているのは、いま話してくれたような内面的なことが関係してるんでしょうか?

JM　あれは違うんだ。X-102は科学に基づいたプロジェクト。土星や土星の輪の科学的データをもとに制作したものなんだ。あれには政治的な意図はないよ。マイク（・バンクス）とやったパフォーマンスは土星に関する新しいデータを取り入れて内容をアップデートしたんのだよ。

N　サン・ラーが土星をテーマにすることとは違うんですね。

JM　ああ、精神性を重視したわけではないよ。最初から科学的エヴィデンスをもとにしていて、データを更新しただけ。土星や衛星のタイタンに関して新しい事実は最近もいろいろ見つかっているので、次にパフォーマンスする機会があれば、また内容をアップデートしなくてはならない。最初に決めた方向性を保持していくのが僕の役割だと思っている。

アメリカはURを無視した

M　少し前ですけれど、ポンピドゥ・センターでジョセフィン・ベイカーの展示をやったのはなぜですか？　ジェフがやった表現で初めて人種問題や政治性を感じたのがあれでしたが。

JM　あれはポンピドゥ・センターからジョセフィン・ベイカーに関する展示をやって欲しいと言われたんだよ。最初にヴィデオを制作したんだけど、彼女の人生について調べていたら、彼女が単なるエンターテイナーではないことがわかってきたんだ。ナチスと戦うためにスパイになったり、政治的にも彼女は第一線で活躍していて。彼女の生活はエキゾチックでさまざまな意味でカッティング・エッジだったから、だんだん惹かれていったんだ。また、彼女はアメリカ黒人とフランス文化をつなぐ最初のアーティストのひとりでもあるんだ。パリはその後、アメリカ黒人にとっては避難所のようになっていく。アメリカ黒人もフランスなら対等に扱ってもらえるし、普通の生活を送ることができたからね。ジョセフィンが道を切り開いて、その後にマイルス・デイビスやクインシー・ジョーンズなど多くのジャズ・ミュージシャンがパリを訪れて、結果的には長期滞在している。僕もパリに滞在していると彼女との類似性を発見することが多かった。だから彼女に関するアートを何かしら制作したいと思ったんだ。

N　ジェフは普段、海外を飛び回っているから、いま、これだけ長くアメリカに止まっているのは珍しいことなんじゃない？

JM　そう、たぶん90年代初期以降、初めてこんなに長い間アメリカで過ごしている。でも、まあまあかな。ヨーロッパの方がいいよ。アメリカは不思議なところだよ。

一堂　（笑）

M　『Every Dog Has Its Day』の「vol.6」を聴いて、あまりに明るいので、ああ、これがマイアミに移ったという

ことなのかなとは思ってたんですけれど。

JM そうだね、影響あると思う。サンシャイン、椰子の木……

一堂 (笑)

JM 白い建物……全体的にカラフルだし。

N ジェフのイメージに合わないよ(笑)。

JM (笑)でも、いまの生活はそういうことだよ。人生の計画を立てるにあたって天気が良いところの方がハッピーでいられると思ったんだ。

M 新しい面としても、それもいいかなとは思いますけど。

JM 寒いと気も滅入るしね。ずっと暖かいところに引っ越したかったんだ。歳とってから寒い気候で厚着してとか、そういうことを心配しなきゃならない必要はないと思ったから。マイアミの生活は楽だよ。まあ、ハプニングみたいなものだね。

N 『Every Dog Has Its Day』は「vol.7」も出ましたよね。

M 〝Precious Hall〟はちょっと変わってて面白い曲でした。

JM 「vol.8」も昨日、出したよ。

N 「8」も出たんですか! この時期にシリーズを再開した理由は何かあるんですか?

JM いまがいいタイミングだと思ったんだ。「vol.4」でストップしたのは景気が悪くなってレコードの売り上げが下がったことが原因のひとつ。シリーズ自体はとても気に入っていたので、再開する機会はいつも伺っていたんだ。いまはまったく新しいジェネレーションが新鮮に楽しんでくれてるんじゃないかな。

N 外に出られないから、家でずっとレコーディングしてたんですね。

JM 3月にアメリカに戻ってきて、それまでずっと旅をしていたし、エネルギーがあり余ってたから曲づくりにのめり込んで。すごい量の曲ができて、1ヶ月でアルバム4枚分を仕上げた。それで30日ごとに発表することにしたんだ。『Every Dog Has Its Day』のシリーズはすでに「vol.10」まで完成していて、このシリーズはこれで終わりにしようと思っている。ミルザート（Millsart）名義ではさらにディープな内容のアルバム・シリーズも考えているよ。

N 世界がパンデミックに襲われて、危機感がもっとも高まっていたときにつくったのは「Vol. いくつ」になるんですか？

JM 「Vol.6」はパンデミックの前だったから「vol.7」だね。アメリカに帰ってきてすぐにつくったのは、勝手につくっているＳＦのサントラで、アクシスのサイトで公開している「Universe By Night」というシリーズだった（訳注：最初のサントラは『S.O.S.From The Three Worlds』というマレイ・ラインスター（Murray Leinster）という作家によるＳＦ作品。現在、アップされている2弾目はブレード・ランナーの仮想サントラ）。それからバイロン・ザ・アクエリアスのアルバムに多くの時間を割いているよ。ヴァーチャルにミックス・セッションをやる方法を見つけて、バイロンはアラバマ、僕はマイアミ、エンジニアはシカゴにいながらリアルタイムでスタジオからの音源を自分たちのスピーカーで聴きながら、アルバムを完成させた。僕のスタジオのスピーカーとシカゴのエンジニアの使用しているスピーカーはほとんど同じクオリティなので、同じ環境で音を聴いているように話し合ってセッションをやったんだ。こうやってアルバムをすでに2枚完成させている。

N ジェフはヨーロッパの方がいいと言っていたのに、ヨーロッパに住まず、どうしてアメリカに帰ってきたんですか。

JM アメリカには家族がいるからね。家もあるし妻もいるし。ヨーロッパに滞在している時間が長いとアメリカという国を距離感を持って眺められるということもある。でも、いまは「い

パリはその後、アメリカ黒人にとっては避難所のようになっていく。アメリカ黒人もフランスなら対等に扱ってもらえるし、普通の生活を送ることができたからね。ジョセフィンが道を切り開いて、その後にマイルス・デイビスやクインシー・ジョーンズなど多くのジャズ・ミュージシャンがパリを訪れて、結果的には長期滞在している

ついつに出発しなきゃいけない」といったことを考えずにずっと家に居られるのは心地いいよ。毎週末どこかしらでプレイする生活を何十年もしてきて、ここで一旦休止したことは肉体的にも精神的にも休息が取れたかもしれない。リセットできたというか。その結果、今後、思っていたよりも長くこの仕事を続けられるかもしれないと思っている。昨日、リッチー・ホウティンと、パンデミックという危機の状況ではあるけれど、こうして業界全体が一旦休止したことで、自分たちのしていることを見つめ直し、今後、続けるべきことと続けるべきではないことをこの際、判断できるのはいいことだという話をしていたんだ。

M　２０１７年に日本とヨーロッパでやったポルト・カサダムジカ交響楽団とのパフォーマンスはアメリカではやらないと言っていたことがまだ気になっているんですが、それはアメリカに対してどういう抵抗を感じているからなんですか？

JM　アメリカにはとても「特別」な人たちがいて「特別」な場所だからだよ。僕がこの国で経験してきたことは決してフェアなものではなかった。とくにエレクトロニック・ミュージックへの反応はね。マイクとＵＲを結成してプロモーションをしていたとき、アメリカはまったく興味を示さなかった。だから他の国へ行ってマーケティングしなくてはならなかった。僕はそのことを決して忘れない。それはこの国で起きていること、黒人から発信されたものは無視するというパターンに当てはまる。それがどんなに素晴らしいアイディアであったとしても。ジャズにしたって、単に黒人だからという理由で無視されてきた。そのアイディアは白人にコピーされて、名声も利益もすべて奪われる。それがこの国の根幹だよ。だから僕のクラシカルのパフォーマンスのような新しいアイディアもアメリカは最後のチョイスなんだ。もし、僕がフランスではなく、アメリカでこのアイディアを実現しようとしていたら成り立たなかっただろうしね。だから何か新しい発想があってもアメリカでは披露したいと思わないんだ。すべてレイシズムのせいだよ。

M なるほど。ヨーロッパでの評価がアメリカでの評価を変えるということはなかったんですか。

JM そういうことも起こりうるだろうけど、いまのところアメリカは変わっていない。90年代の初めから。

M ああ。では、今回、(ザ・ベネフィシャリーズで)デトロイトをテーマにしたきっかけはなんだったんですか。

JM デトロイトで育って、そこにいるクリエイティヴな人たちのメンタリティもよくわかっている。人びとの期待を超越して新しいものをクリエイトしようとするアーティストのシーンがあり、それはデトロイト特有のものかもしれない。だからそういう人たち、デトロイトのアーティストと一緒にコラボすることで、より深い話もできるし、同じ場所で育ったから共通点もたくさんあるし、自分たちのバックグラウンド、歴史も共有しているから、より密に会話ができる。ジェシカ(ケア・ムーア)とは今回が初対面だったけれど、昔からまるで知り合いだったかのように話をすることができたしね。若い頃に同じような経験を多数してきているから。

N ジェシカに「記憶」というテーマを与えたのはなぜですか?

JM 最初から決め込んだことをやるのではなく、このプロジェクトはお互いの会話から発展して構築されていくんじゃないかなと思っていたんだ。彼女の指向性を知る必要があったしね。彼女は深遠な理解力があって、それが彼女をプロフェッショナルに詩人たらしてめていることはわかっていたんだけれど、だからこそより大きな観点での会話をしたいと思ったんだ。オープン・エンドな話題を選ぶことで、彼女がどういうクリエイティヴなプロセスを踏むのかを見てみたかった。「記憶」は僕たちが最初に交わした話題のひとつだよ。僕は「記憶」がこのプロジェクトのテーマになるとは思ってはいなかったけれど、あえて彼女がどう反応するかは見てみたかった。どのように彼女が詩をプロデュースするのか。どれぐらいスペシャルになるのか。

昨日、リッチー・ホウティンと、パンデミックという危機の状況ではあるけれど、こうして業界全体が一旦休止したことで、自分たちのしていることを見つめ直し、今後、続けるべきことと続けるべきではないことをこの際、判断できるのはいいことだという話をしていたんだ。

どう認識されて評価を得るのかを。彼女と話す前から記憶のことは話そうと決めていた。

M ジェフが言葉に向かったということが興味深いです。

JM そうだね。音楽から離れて、何か違う要素を探していたんだ。でも、ただ詩を朗読するだけでは十分ではない。だからジェシカにいつもとは違う風に、詩を媒体として利用しながら自分の表現をするように頼んだ。デトロイトだけでなく、もっと広い話題に関して考えてもらった。そして未来から来た人に、未来で起こっていることを語りかけるようにと頼んだ。「未来」に関してもふたりで随分と話しあった。黒人が未来にはどうなっているのか、デトロイトはどうなっているのかと。僕は〝フューチャリズム〟や〝エレクトロニック・ミュージック〟、〝テクノ〟に関連したいくつかのキーワードやフレーズを彼女に送ったんだ。それらの言葉を触媒にして詩を制作してもらった。

M デトロイトのことを〝モーター・シティ〟と呼びならわしますが、〝クリスタル・シティ〟という喩えはストレートにはわからなかったのですが……

JM このプレジェクトを表現するのになかなかぴったりする言葉がなかったんだけど、〝クリスタル・シティ〟が結局、一番しっくりきた。ジェシカにとって〝クリスタル・シティ〟はデトロイト（のメタファー）かもしれないけれど、僕にとってはもっと広くて距離感がある。ユートピア思想とでもいうか。〝クリスタル・シティ〟は理想的な状態。それがどんな状況下であったとしても。タイトルは『The Crystal City Is Alive』で、この〝Is〟という言葉が非常に重要なんだ。そこには理想的な状況に到達するという確固たる自信が込められているから。

M 映画『ブラック・パンサー』に出て来たワカンダみたいなイメージ？

JM ぜんぜん違うよ！

一堂 （爆笑）。

JM どちらかというと天国に近いもので、楽観主義も大切な要素なんだ。

M なるほど。あと細かい話なんですけれど、エディ・フォウクスの曲にはそれぞれパーカッション奏者のクレジットがあるけど、ジェフの曲にはないですよね？

JM そう、僕がパーカッションをプレイしたから。「プレイ」というよりはいじったという感覚だけど。

M エディ・フォウクスの曲とジェフの曲は傾向が違うのに、流れるような構成だなと思って。最後にドラムが入ることで、ちゃんとまとまるんですよね。

JM まさしく、そういう流れを考えて制作したんだ。エディの曲を聴いてから最後の曲にパーカッションを追加した。

M これから自分の演奏は増やしていく？

JM そうだね。スパイラル・デラックスでコンガを演奏してから、自分のライヴでパーカッションも使い始めた。トニー・アレンとのライヴでもやってたよ。

N トニー・アレンとコラボレイトしたときの感想を教えて下さい。あと、彼に何か言われたことはありますか？

JM トニーとの共演は素晴らしかったよ。間近で彼のプレイを見るだけでも感動的だったし、彼は偉大な教師でもあったからね。音楽に関してだけではなくて、いろいろな経験を経てきている。いろいろなことを話したよ。スタジオでも話をしている時の方が長かったかもしれない。ライヴでもステージに上がる直前まで話し込んだりね。音楽や世界情勢について様々な意見を交換した。パフォーマンスにはその会話が反映されていたと思う。彼とプレイできたことは本当に貴重な体験だった。

M では、最後にザ・ベネフィシャリーズ（＝恩恵を被る人たち）というネーミングについて教えてください。

The Beneficiaries
The Crystal City Is Alive
Axis

これはジェフのアイディアですか？

JM ジェシカとの会話から出てきた言葉だね。自分たちが何者か、何をしているのかを要約しようとしたときに、自分たちのクリエイティヴでスペシャルな活動は過去の遺産や祖先から受け継がれてきたもので、いまの世代では自分たちが表現しているけれど、次の世代にも引き継いでいくものなんだと。そういった流れを説明できる言葉だと思ったんだ。

M なかなか謙虚ですね。

JM 僕たちはモータウンとつながっているし、ジャズともつながっている。奴隷だった祖先ともつながっている。現在の自分たちは先祖の大きな犠牲の上に成り立っている。いま自分たちがしていることが将来につながることを期待しているんだ。

M わかりました。どうもありがとうございました。フロリダは第二のニューヨークと化しているみたいなので、気をつけてくださいね〜。

N 今日はどうもありがとうございました。

（6月20日、ZOOMにて）

サブスク時代でもアナログ道を貫く、ブラック・エレクトロニック・ダンス・ミュージックの50枚

選・文＝M87 a.k.a Everywhereman

DETROIT LAST 10 YEARS

ここ10年の間に発表された、デトロイトのブラック・パワーを感じさせるレコードを50作選出した。デトロイトではインディペンデント・レーベルの経済を破壊させるサブスクリプションに依存することなく、いまだアナログ盤を主体としている（こんな都市がほかにあるだろうか）。そして、そこから届くジャズ、テクノ、ハウス、ヒップホップは、今日も先鋭的かつユニークであり、ベテランのアーティストによって新たな才能が見出され、新人によって先輩がトリビュートされていることがわかるだろう。かつて、デリック・メイが「デトロイトは音楽の少林寺」と言った通り、デトロイトの音楽界には、ブルーズ、ジャズ、ソ

「M87」はジェフ・ミルズの曲名、「Everywhereman」はデトロイト・テクノ界におけるアートワークの第一人者アブドゥール・ハックに呼ばれたアダ名に由来する。六本木〈VARIT.〉にて、パーティ〈Mixadome〉を不定期開催。下北沢〈Jazzと喫茶 囃子（はやし）〉では、丁稚奉公中。

ウル、ファンク、パンク全盛の時代から、作曲や演奏技術、ビジネスを伝授する根強いメンタリングとフレンドシップがあり、たとえ世界のトレンドとは交わらなくとも、このインディペンデントなシーンは力強く前進し続けている。

毎年5月最後の週末にデトロイト川沿いのハート・プラザで開催されている〈Movement Electronic Music Festival〉は、今年、新型コロナの影響で残念ながら中止となったが、2021年5月29日から3日間行われる予定と告知された。フェスティヴァルの時期には市内各所で数えきれない程のアフターパーティが開かれ、ムーディーマンが主催する〈Soul Skate〉、セオ・パリッシュの〈Music Gallery〉、アトランタのハウス・レーベル、NDATLミュージックが開催する〈Deep Detroit〉、ベルリンの老舗テクノ・レーベル／クラブ、トレゾアによる〈Tresor 313〉など、地元のみならず世界各地から集うアーティストたちのパフォーマンスが楽しめる。ブラック・パワー・ミュージックの真髄を知りたければ、是非デトロイトへ足を運んで、本場のドス黒いパーティを体感して頂きたい。

DETROIT MUSIC 2010 - 2020

/1 Shake
Thought Processes/

Frictional Recordings
2010

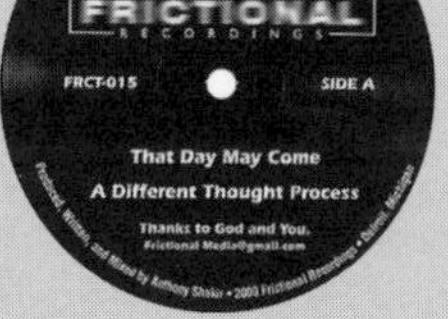

粗いサンプリング主体のソウルフルなサウンドはベルリンのサウンド・ストリームにも影響絶大。「シェイク」はイスラム教に改宗した両親が少年時代につけたアダ名とのこと。

/2 Urban Tribe
Urban Tribe

Mahogani Music
2010

カール・クレイグ、シェイク、ムーディーマン、DJスティングレイの豪華ユニットによる４枚目のアルバム。デトロイトのハードな日常風景とマッド・サイエンスが化学反応を見せる。

/4

Scan7 Featuring Aaron-Carl
4 Types Of People

Wallshaker Music
2010

故・アーロン・カールを迎えたスキャン7のカルト傑作。ゴスペル感溢れるアーロンのヴォーカルはホアン・アトキンスやマッド・マイク、ムーディーマンの心をも掴んだ。

/3

Bileebob
Call Me

Underground Resistance
2010

クラフトワーク「ザ・テレフォンコール」に対するデトロイトからのマジ回答。YouTubeで観られる安っぽく、実に馬鹿馬鹿しいPVがファンクの本質を具現化することに成功している。

/6

Elzhi And Will Sessions
Elmatic

Jae B. Group
2011

元スラム・ヴィレッジのエルザイが超絶ファンク・バンド、ウィル・セッションズを率い、ナズの歴史的名作『イルマティック』を堂々カバー。DJデズことアンドレスも参加。

/5

Timeline Feat. Jon Dixon & De'Sean Jones
Graystone Ballroom EP

Underground Resistance
2011

マッド・マイクがジャズを志す地元の若者ふたりに声を掛けて制作した、デトロイトの奥深い音楽史と強靭なメンタリングを感じさせる名作。デリック・メイもDJプレイ。

/8

Dilla Dog
Dillatroit

Mahogani Music
2012

J・ディラの没後、母親によって発掘され、ムーディーマンが制作指揮したビート集。デトロイト・ソウルの魔法が掛かった深くドープな音像は今日も我々を夢見心地にさせる。

/7

Kevin Saunderson Featuring Inner City
Future

Defected
2012

88年にデビューを果たし、デトロイト・テクノの存在を世界中に轟かせた名ユニットの大ヒット作。ケニー・ラーキンによるド変態リミックスは、デリック師匠もお気に入り。

/10

Karriem Riggins
Alone Together

Stones Throw Records
2012

J・ディラの遺作『ザ・シャイニング』を完成させた凄腕ジャズ・ドラマーのファースト・アルバム。全34曲、芳醇な音楽都市デトロイトの熱き血統と魂が次々と押し寄せる。

/9

Mike Huckaby
The Tresor EP

Tresor
2012

今年4月24日に新型コロナで惜しくも他界したハッカビー師の地下系発汗ダブ・テクノ。本作も、90年代初頭から脈々と続くデトロイトとベルリンのテクノ同盟が生んだ賜物だ。

/11
DJ Stingray 313
F.T.N.W.O.

WéMè Records
2012

DJスティングレイ名義初のアルバム。化学的かつダーティーな高速エレクトロが暗躍する。ムーディーマンと同じレコード店に勤め、ドレクシアの弟子となった経歴も納得。

/12
KMFH
The Boat Party

Wild Oats
2013

マイク・ハッカビー門下生としても知られるカイル・ホールの出世作。アナログ・ハードウェアの荒々しいサウンドがデトロイト・イーストサイドのゲットー風情を醸し出す。

/13
Marcellus Pittman / John Cannon
1044 Coplin (Give You Whatcha Lookin 4) / J.C.'s Groove

Unirhythm
2014

メロウなブギー・ファンクが光る7インチ。A面は盟友ムーディーマン『DJキックス』にも収録。デトロイトのローカルな音楽シーンに通底する愛と素朴さが感じられる。

/14
Theo Parrish
Footwork

Sound Signature
2014

大作『アメリカン・インテリジェンス』からのシングル・カット。アフリカン・リズムを用い、デトロイトの下町風景を描写。廃墟やストリートで撮影されたダンスPVも感涙モノ。

/15
Alone
Has God Left This City?

Underground Resistance
2014

正体はマッド・マイクか？公立学校、病院、教会といった施設の閉鎖、海外での戦争がデトロイト市民に及ぼす問題を提起。淡々とした無慈悲なサウンドが現実を見つめる。

/16
Floorplan
Never Grow Old / Phobia (Re-Plants)

M-Plant
2014

元UR、ジェフ・ミルズの元相棒としても知られるミニマル・ネイション開拓者の特大ヒット作。年を取らないゴスペル・テクノはデリック・メイ師匠もお気に入り。

/17
DJ Bone
The Detroit EP ~ Pt. 1

Subject Detroit
2014

自らのレーベル運営と共に「ホームレス・ホーミーズ」という地元支援活動を行うDJボーンのストロング系テクノ快作。UR特攻DJ、マーク・フラッシュもヘビー・プレイ。

/18
Moodymann
Moodymann

KDJ
2014

いまやデトロイトという街のアイコンとなったムーディーマンの同名アルバム。内ジャケの写真では、愛機MPC2000XLとマイクロコルグの前で酒のボトルを片手にひっくり返っている。

/20

Byron The Aquarius
High Life EP

Sound Signature
2016

アトランタのシンセ魔術師がハービー・ハンコックの名曲「処女航海」を堂々カバーした出世作。ジェフ・ミルズ主宰のレーベル、アクシスからも作品発表が予定されている。

/19

Model 500
Digital Solutions

Metroplex
2015

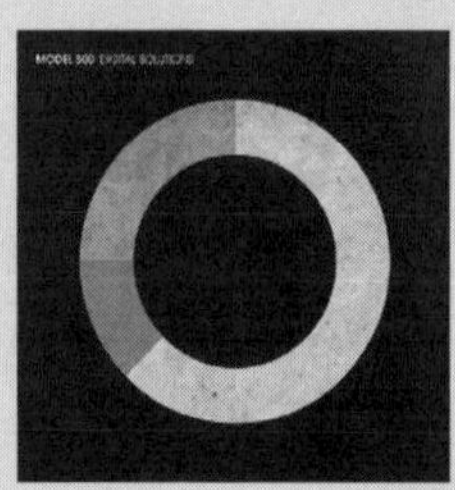

デトロイト・テクノの重鎮、ホアンのメイン・プロジェクトによる3rdアルバム。達人アンプ・フィドラー、盟友マッド・マイクを従え、ハイテク・ファンクの新たな高みを提示した。

/22

Vintage Future
Dookie Machine

Underground Resistance
2016

モデル500のメンバー、マーク・テイラーによる激辛ミュータント・ソウル。14年に起きたミシガン州フリント市の水質汚染問題に鋭く切り込んだ、社会派URらしい傑作。

/21

Sheefy McFly
Edward Elecktro

Mahogani Music
2016

画家、ラッパーとしても活躍する新星のゲットー・ファンク集。フリーキーな芸風でムーディーマンに見出されたのも頷ける。派手なジャケのアートワークは本人によるもの。

/24

Population One
Detroit City At Night EP

Metroplex
2016

貧困から生まれたミニマリズムが驚愕の宇宙感を創出。タイトル曲のダークさもエグい。ちなみに、本ユニットの曲名がアムスにあるレコ屋〈ラッシュアワー〉の由来となった。

/23

Mark Flash
The Audiofluid EP

Underground Resistance
2016

マッド・マイクとのユニット、デプスチャージでも活躍するアニキの本家URからのEP。デトロイト特有のタフさとロマンティシズムを兼ね備えた硬派な秀作。

/26

Terrence Parker
God Loves Detroit

Planet E, !K7 Records
2017

スクラッチの名手、受話器型ヘッドフォンでお馴染みの大ベテランによるゴスペル・テック・ファンク集。愛弟子の覆面女史メラッカ、ココ・ストリートとのコラボ作も収録。

/25

Julion De'Angelo, Thomas Xu
Roots That Talk

Sound Signature
2017

セオ・パリッシュが若者ふたりのデビューを後押しした清々しくも深いビートダウン盤。ジュリオンはノースカロライナからデトロイトに移住、トーマスは中国をルーツに持つ。

Jack Peoples
Laptop Café

/28

Clone Aqualung Series
2017

ドレクシアことジェームズ・スティンソン没後15年目に発表された別名義の未発表音源集。穏やかな作風でドレクシアのような激しさはないが、妥協なき実験精神が垣間見える。

Blake Baxter / Thomas Barnett
Four313 EP

/27

Four313
2017

セクシーなヴォーカルでお馴染みのプリンス・オブ・テクノと、名曲「ヌード・フォト」の作者によるアシッド愛の賛歌。「313」はダウンタウン・デトロイトの市外局番。

Norm Talley
Norm-A-Lize

/30

FXHE Records
2017

デトロイト・ハウスの大ベテランがオマー・S主宰レーベルから発表した初アルバム。往年のソウルやディスコ・サンプルを駆使した、味わい深く濃厚なグルーヴが満ち溢れている。

Amp Fiddler
Amp Dog Knights

/29

Mahogani Music
2017

ファンクを革新し続けるキーボード魔術師の傑作。兄バブズ、愛弟子J・ディラとのコラボ曲も収録。ハウス達人ルイ・ヴェガ、門下生ワジードのリミックス盤もヒットした。

Shigeto
The New Monday

/32

Ghostly International / ブランチャ　2017

母親が日本人の凄腕ドラマー、シゲト（繁登）のフューチャー・ジャズ傑作。彼のインスタグラムでは、ブラックライヴスマターに関する投稿が熱心に続けられている。

Funkadelic
Reworked By Detroiters

/31

Westbound Records
2017

ファンカデリックの名曲群をデトロイト音楽界の鬼才たちが愛を込めて再構築。ジャケットはデトロイト・テクノのアートワークを多数手掛けるアブドゥール・ハックによるもの。

Waajeed
Mother EP

/34

Planet E, !K7, Dirt Tech Reck　2018

スラム・ヴィレッジの初期メンバーだったワジードが、カール・クレイグ主宰の〈プラネットE〉から発表したハイテク・ソウル快作。スキャン7のブラック・トニーも参加。

Jon Dixon
Erudition (A Tribute To Marcus Belgrave)

/33

Planet E, 4EVR 4WRD, !K7　2018

デトロイトが誇る名トランペッター、故・マーカス・ベルグレイヴに捧げられたハイテク・ジャズ。テクノに与えた功績も大きく、教え子達とともに後輩マッド・マイクも参加。

Various
NDATL 10 Year Special Edition
2018

/35

NDATL Muzik
2018

毎年５月にデトロイトで開催されている〈NDATLミュージック〉アフターパーティーのコンピ。デリック・メイ、シェ・ダミエといった豪華メンツの目玉音源を収録。

Nick Speed
D-Cyphered

/36

Nix
2018

URからもリリースしたラッパー、ニック・スピードのミックステープ風アルバム。エレクトリファイン・モジョをルーツとしたデトロイト・ゲットー・ソウルが駆け巡る。

Drummer B
The Diamond Project EP

/37

Transmat
2018

デリック・メイが推す新星のディープ・エレクトロ作品。ヒップホップの影響が色濃いポエティックなサウンドが潜在意識に問い掛ける。詩人ジェシカ・ケア・ムーアも客演。

Rick Wilhite
The Godson IV

/38

Mahogani Music
2018

３チェアーズのメンバーとしても知られるデトロイト・ハウス鬼才の強力２枚組EP。ムーディーマン「テクノロジー・ストール・マイ・ヴァイナル」の極上リミックスも収録。

Ian Fink
The Order

/39

Freak Press
2018

故・マーカス・ベルグレイヴに師事し、アンドレスやシゲトのライヴにも参加する新鋭キーボーディスト。本作では、素朴ながらも高揚感漂うディープ・ハウスを披露している。

Jay Daniel
Tala

/40

Watusi High
2019

シンガー、ナオミ・ダニエルの息子でカイル・ホールの盟友としても知られる若き星の2ndアルバム。原始的ながらもマシナリーなブロークン・ビーツが宇宙の深淵へと導く。

Detroit's Filthiest
Prime Cuts

/41

Casa Voyager
2019

ゲットー・ベース大将、DJナスティーが別名義でモロッコのレーベルからリリース。往年のファンクを想起させるメロウなエレクトロ・サウンドがデトロイトの情景を描く。

Rick Wade
Dtroit

/42

Sudd WAX
2019

デトロイトのいまは無き名店〈レコード・タイム〉に勤めていたビッグダディことリック・ウェイドのEP。ラリー・ハードばりに穏やかで控え目なシンセのループが心地良い。

/44

14KT Presents Iamabeenie
For My Sanity

First Word Records
2019

マッド・マイクも一目を置く凄腕ビートメイカー、14カラットの傑作。ヒップホップ、ソウル、ラテンなどの栄養素に育まれた極上のスピリチュアル・ジャズが煌めく。

/43

Scan 7
Between Worlds

Deeptrax Records
2019

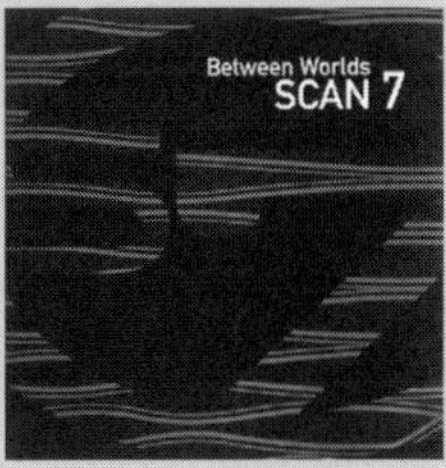

デトロイト・テクノ界で最も謎めいた覆面グループの最新アルバム。4曲目では、連続する警官の黒人暴行事件を予兆していたかのように、憎悪、人種主義を止めろと宣言。

/46

Andrés
Andrés IV

Mahogani Music
2019

ムーディーマンの盟友アンドレスの最新アルバム。同門のJ・ディラ並みに膨大なレコードセレクションから紡がれるビートは一切ハズレ無し。恩師アンプ・フィドラーも客演。

/45

Delano Smith
MB004

My Baby
2019

デリック・メイも師と仰ぐデトロイト第一世代DJの入魂ディープ・ハウス。40年以上のキャリアに感服の味わい深さ。地元の後輩とベルリンの鬼才によるリミックスも収録。

/48

Millsart
Every Dog Has Its Day Vol. 5

Axis
2020

宇宙の真理を説くジェフ教授の名シリーズが17年ぶりに突如再開。神々しい名曲「ウィズ」が聴けるだけでもありがたい。いまのところ、第10弾までリリース予定とのこと。

/47

Eddie Fowlkes
Esoteric Life

Detroit Wax
2019

テクノ・ソウルのゴッドファーザーなる異名を持つベテランの近作。P・ファンク直伝のブギーなシンセが脳と尻を揺さぶる。ジェフ・ミルズとのザ・ベネフィシャリーズも必聴。

/50

Omar-S
Fuck Resident Advisor

FXHE Records
2020

デリック・メイも才能を認めるモータウン・ミニマル大将の近作。ハウスに心酔したコナント・ガーデンズ在住のワルがゲーム感覚でファンキーなお宝を生み出し続けている。

/49

Aux88
Counterparts

Direct Beat Classics
2020

93年に結成された名コンビの極上エレクトロ・ファンク集。TR-808のビートは永久に不滅。クラフトワーク好きが世界一多い街デトロイトにとって、テクノは希望でしかない。

Deforrest Brown Jr. (SPEAKER MUSIC)

ディフォレスト・ブラウン・ジュニア──なぜいまアミリ・バラカであり、フリー・ジャズであり、デトロイト・テクノなのか

文＝野田努 by Tsutomu Noda

著者は2枚の写真をじっと見ている。おそらくは、どちらもまだ彼が生まれていなかった時代の写真、1967年7月ニューアーク、1枚はカラー写真で、アミリ・バラカはレンズを見ている。もう1枚は白黒写真で、バラカはおそらく警察署内で、額から血を流している。どちらもニューアークの反乱の頃に撮影されたことは明らかだと彼は推測する。そして再度カラー写真のバラカに目をやる。その表情のなかに彼は、「じつに多くの感情の枯渇、欲求不満、怒り、希望、プライド、不安」を読み取る。続いてこう解釈する。「それは答えを探し求めてきた歴史、不可能な感情の集合を表現しようとした歴史、そして未来に大きく傾いている歴史を反映している。あたかも解決策はあるのかい？　と問うているように。（中略）ディフォレスト・ブラウン・ジュニア（DBJ）の作品を解読するうえで、このアミリ・バラカの写真に戻ることは有益である」

それはすなわち「Black Art Movement」を現代に復活させることである。著者は引用する。「ブラック・

Deforrest Brown Jr. (SPEAKER MUSIC)

アートとは何か？　それは経済的、社会的、文化的パワーのための黒人の闘争におけるインスピレーションであり、食糧である。スタイリスティックな方法で闘争を反映し、祝福し、解釈するアートであると定義する。これはアフリカ系コミュニティおよび抑圧されたマイノリティにとって意味のあることなのだ」Hughie Lee-Smith（Black Art Notesより）

以上は、ＤＢＪがスピーカー・ミュージック名義で発表したアルバム『Black Nationalist Sonic Weaponry』に挿入されているブックレットの最初のエッセイからの抜粋である。ちなみに著者の名前はGamall Awad。

そしてここにはＤＢＪのコンセプトと音楽的野心が明記されている。それは現代の電子音楽をかつての闘争の時代の（アミリ・バラカがとくに評価した）フリー・ジャズと繋ぐことである。アルバート・アイラー、アーチー・シェップ、クリフォード・ソーントン、ミリフォード・グレイヴス、ノア・ハワード……。

もうひとつ重要なのは、ＤＢＪ自らがブックレットの締めとして書いている「ステレオモダニズム」論だ。それは「黒いテクノ」の物語、すなわちＤＢＪによる「コロナ渦におけるデトロイト・テクノ論」にほかならない。白いユートピアのための、かつては規定された未来におけるトラウマを生きたブラック・ミュージックに対して、白いユートピア崩壊後に生まれたデトロイト・テクノは、すでに最初からアメリカが夢見るユートピアとは別の未来を見いだそうとしていると。これがステレオ＝白と黒／モダニズム論であり、つまりは二重の近代性を同時に生きることについての考察と言えるだろう。

また、デリック・メイのいうところの〝ハイテック・ソウル〟とは、資本主義が要請するソウルではないソウルの創出であると。ＵＲの〝ハイテック・ジャズ〟もまたしかり。さらにこれはアミリ・バラカがかつて提唱した「ユニティ・ミュージック」の概念を呼び起こすモノであるとＤＢＪは解釈する。

60年代の闘争において非商業的な音楽を展開したフリー・ジャズと大手資本に飼い慣らされなかったデトロイト・テクノとは、こうして繋がる。さあ、黒いマルクス主義までもうすぐだが、この論はコロナ渦において、必要以上の利潤を生まない文化の重要性を説いたブライアン・イーノの思考とはからずとも重なってくる。そしてその成果として、２０２０年にスピーカー・ミュージックの『Black Nationalist Sonic Weaponry』とディフォレスト・ブラウン・ジュニアの『Further Expressions Of Hi-Tech Soul』というとんでもない2枚のアルバムが生まれたのである。

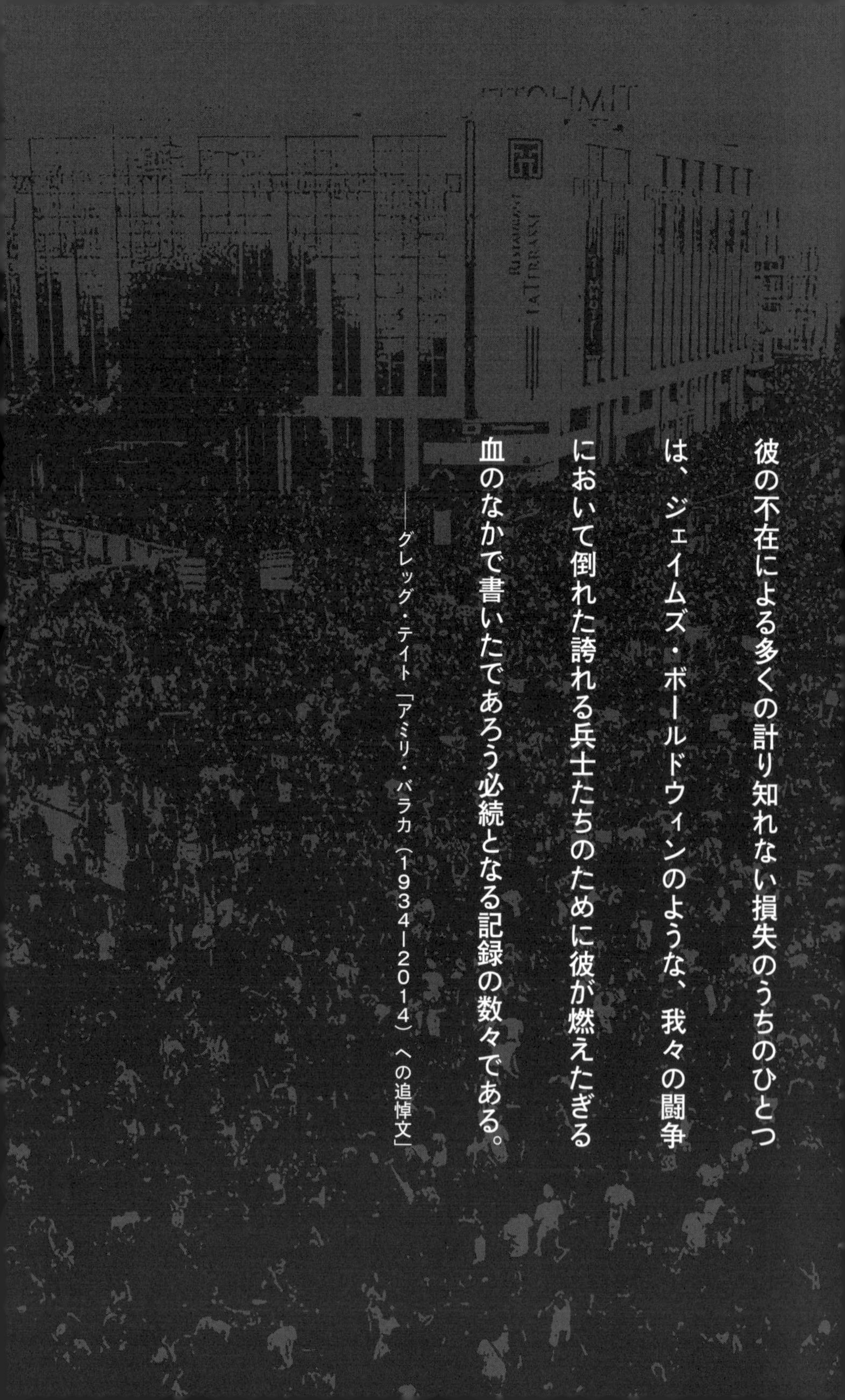

彼の不在による多くの計り知れない損失のうちのひとつは、ジェイムズ・ボールドウィンのような、我々の闘争において倒れた誇れる兵士たちのために彼が燃えたぎる血のなかで書いたであろう必読となる記録の数々である。

——グレッグ・テイト「アミリ・バラカ（1934—2014）への追悼文」

Thought

Amiri Baraka (LeRoi Jones) (1934～2014)

アミリ・バラカ

——いつも新しい隣人

文=平井玄 by Gen Hirai

ギンズバーグやケルアックの詩集を出す書肆の役割も務めていたリロイ・ジョーンズは黒人のビート詩人である。１９５０年代の終わりに「アメリカ的なもの」を拒絶したビートたちはニューヨークの知識人たちにさえ煙たがられていた。ブラック・ビートはさら異物である。１９６４年、マルコムXが射殺された怒りと悲しみの中で「アミリ・バラカ」というムスリムネームに改名する。その前年に彼はこう書く。

「黒人中産階級はその始まり、おそらく最初のアフリカ人が船から降ろされた10秒後から、黒人であることが不利な国では黒人でない方がいいという命題を中心に形成されてきた」

たった「10秒」で!? ビート詩人らしいスピーディで鮮烈な誇張である。この一言がもう見事にビバップ。パーカーとガレスピーの salt peanuts! に応答する、とおそらく本人も意識していたに違いない。

西アフリカ一帯で捕獲された黒人たちを積み込んで、カリブ海を抜けていく奴隷船は「移動する監獄」と呼ばれた。１０００万人以上が死んだといわれるこの中間航路をどうにか生き延びたアフリカ人たちの心の中で何が起きていたのか。メキシコ湾岸の港

に陸揚げされたその瞬間から、もうご主人様におもねる「奴隷根性」が育っていたというのだ。

これは、リロイ・ジョーンズの『ブルース・ピープル』から飛び出した言葉だ（飯野友幸訳、平凡社ライブラリー）。「黒人中産階級への怒り」。これこそバラカが生涯にわたって抱き続けたオブセッションだったのである。

バラカが投げた言葉のヤリは、奴隷制について聞かれて「４００年も？　選択だったかのように聞こえる」とWebサイトの生放送で言い放ったカニエ・ウエストの心臓を突き刺す。ウエストのニュアンスは「自己責任」に近い。元パンサー党員を父親とするラッパーは最近までトランプを支持し、形勢が悪いと見るやビリオネアーとして自ら大統領選挙に出馬するという。

とはいえ、バラカが標的にしたのは60年代に増えていた教会エリートや医師などの専門職、大企業をめざす大卒者たちというインダストリアルな社会層であり、一貫して彼ら／彼女らが好んで聴く音楽だった。だから、その後の30年間で現れたラップ長者や黒人将軍、黒い共和党員たちの問題はもっと捩じれていると言われてしまうだろう。

だが、この「10秒」というバップ・リフの回転にはそんな差異を突き破るエネルギーが蓄えられている。そもそも、Blackつまり「黒人」という言葉が拳とともに突き上げられようとしていた１９６３年に、「ニグロ」という屈辱的な古語をあえてブローしまくるのである。この少し前にバラカはラングストン・ヒューズに会っている。このヒューズこそ、ローマの貴族に対して北アフリカの威厳ある黒人奴隷たちを意味するラテン語negroを、頑強に自らの語彙として手放さなかったもう一人の詩人である。

漆黒の誇り高き者たち、だが紛れもなく足枷につながれた奴隷。この天と地を貫くトルネードの渦中を生きる。そんな境遇を描く中から「ブルース衝動」というちょっと神秘的な言葉が現れる。そして「ブルース連続体」が渦巻く歴史として黒人音楽が語られる。ディープサウスのカントリーブルースからルイ・アームストロングへ、カンザスシティのカウント・ベイシーからチャーリー・パーカーへと一直線にたどる叙述から、ラグタイムやスイングが切り捨てられるのはまあわかる。

それでは、この毒を含んだフレーズはどうだろう。

「ハードバッパーたちは、しっかりと感情を喚起しえない愚かなマントヴァーニ風の音楽にばかり結局は煩わされてきた——ニグロの大学生向けのムード音楽である」。

ブルース、バップ、フリーという「ブルース連続体」からはマイルスさえ弾き飛ばされる。かつてマイルス風のスーツ姿に憧れたハワードやコロンビアの学生リロイが、黒いビートとしてグリニッチヴィレッジを彷徨い、革命直後のキューバに渡って急進化する一気呵成が伝わってくる。これを黒い本質主義や第三世界マルクス主義の残骸として語ることほどつまらないことはない。１９５０年代マルコムのズートスーツ、60年代マイルスのブルックス・スーツ、70年代バラカの西アフリカン・ダシキ服。彼が言った「変わっていく同じもの」である。

いまや「奴隷」という言葉は甦った。本源的蓄積は終わらない。グローバル化が頓挫する中で資本主義を「隠された奴隷制」として捉える見方が大きく再浮上している。私たちは黒人ではない。そこには大きな距離がある。だが、生まれて10秒後にはもうすでに「奴隷」なのである。だから奴隷たちの音楽に揺さぶられる。オマエの足枷を叩き壊せ。私にとってアミリ・バラカはそういう生き方、聴き方を今も教えてくれる「いつも新しい隣人」なのである。

Thought

Angela Davis (1944〜)

アンジェラ・デイヴィス

すべての人にとっての先生、いまも闘い続ける哲学者

文＝水越真紀　by Maki Mizukoshi

ＵＫのサックス奏者シャバカ・ハッチングスはサンズ・オブ・ケメットの曲にアンジェラの名を冠し、ＮＹのドラマー、カッサ・オーヴァーオールは今年出した新作でアンジェラ本人の肉声をフィーチャーしている。

　アンジェラ・デイヴィスが育ったアメリカ深南部のアラバマ州バーミングハムは１９４０年代から黒人公民権運動の拠点であり、同時に、それに対抗したＫＫＫなどの白人至上主義者による爆弾事件が頻発してバーミングハムならぬボミングハムと呼ばれるようなところだった。四人の少女が殺された63年の教会爆破事件ではアンジェラの知人も犠牲になったという。アンジェラは共産党員の母の影響で高校時代から共産党に入り、フランクフルト大学でヘルベルト・マルクーゼに師事し東独に留学。帰国後、ＵＣＬＡの哲学准教授となり、ブラック・パンサーの活動にも加わる。大学は共産党員であることを理由に彼女を解雇、翌年には裁判所爆破事件に関与した嫌疑でＦＢＩの重要指名手配トップ10にリストされることになる。当時のニクソン大統領とレーガン・カリフォルニア州知事らは彼女を「凶悪なテロリスト」だと宣伝。「フリー・アンジェラ」を要求する救援運動は、アレサ・フランクリンが保釈金の支払いを申し出たり、ジョン・レノン＆ヨーコ・オノやローリング・ストーンズ、ハービー・ハンコックやサンタナが支援ソングを作るなど、国内外に広がり無罪を勝ち取る。

　たった50年前の話だ。事実上の思想犯としてアメリカ合衆国は哲学教師を投獄したのだ。いや、それをいうならつい先月のことだった、道端で警察官が黒人青年を絞殺したのは。

釈放後のアンジェラは今日までいっときも休むことなく闘い続けているように見える。その原点は『監獄ビジネス――グローバリズムと産獄複合体』(岩波書店)の著書からも明白だが、まさに〝監獄〟であった。74年まで、アメリカの刑務所では囚人を化粧品会社の実験に使わせていたことがわかっているし、80年代以降はネオリベラルのグローバリズム経済によるジェントリフィケーション(地域の高級化・富裕化)が進む中、微罪を取り締まる割れ窓理論や微罪でも累犯で重罪にできるスリーストライク法などが考案され、刑務所は黒人で溢れ、21世紀になると、世界の人口の5%に過ぎないアメリカ人が、世界の監獄人口の20%を占める事態になる。しかもその監獄は利潤を求める私企業に売り渡されている。民営刑務所では犯罪者を満杯に収容して物品や食事を支給し、看守が統制すればよく、個々人の更生や社会復帰には関心を払わない。あるいは監獄では性虐待などからフェミニズムの問題も可視化される。

アンジェラの主張はそうした監獄の「改革」ではなく「廃止」だ。つまり監獄のない社会にすることを求めている。そんな社会は成り立たないと思うだろうか? ボミングハムで育ち、囚人であることを経験したアンジェラは、奴隷と囚人の暮らしが同じであることを知ったのではなかったか。貧困も学生ローンも大企業による富の独占も難民キャンプもビザなし移民も、とじこめられ自由を奪われた監獄とおなじとも言える。犯罪者と非犯罪者は国や時代によっても変わる曖昧な概念でもある。それじゃあこの(民営)監獄ってなんなんだ?

アンジェラは2011年のオキュパイ・ウォール・ストリート・ムーヴメントで、「占拠」という単語を繊細に読み解く。プエルトリコには「「脱」占拠」という運動がある。アメリカは先住民を虐殺したヨーロッパ人が「占拠」してできた国だ。いま、自分たちが口にする「占拠」の意味を考えようと。パレスチナでイスラエル軍にノーを突きつけ、同時にウォール街を占拠してなにを得るか。アメリカ人の黒人の女性でマルキストの政治活動家で哲学者であることはとても複雑なことだと思う。一人ひとりの個人が併せ持つこのような複雑さが、政治運動を破局させずに持続させる力になるのじゃないかと思える。シンプルなイデオロギー主義でもアイデンティティ主義もなく。

(みずこし・まき)ライター。ele-king臨時増刊号「黄色いベスト運動」「山本太郎から見える日本」「コロナが変えた世界」などでインタヴューを担当。

Thought

Kodwo Eshun (1967〜)

コジュウォ・エシュン
——アフロフューチャリズムの理論家

文＝高橋勇人 by Hayato Takahashi

音楽評論家、文化理論家、大学講師、アート・ユニットのオトリス・グループのメンバーとして、など様々な領域で活動する、コジュウォ・エシュンは、1967年にロンドンでガーナ系の家庭に生まれた（彼の弟のエコウ・エシュンは現代アートのキュレーター）。オックスフォード大学やサウスザンプトン大学といったイギリスの教育機関で学び、90年代から『The Wire』や『The Melody Maker』といった音楽誌で音楽やヴィジュアル、サイバー文化に関するテキストの発表を開始する。ドゥルーズ&ガタリといったフランスの現代思想や、JGバラードやサミュエル・ディレイニーを彷彿とさせるサイエンス・フィクションの想像力を駆使し、当時のイギリスで猛威を奮っていたジャングルや、テクノが放つエネルギーを誌面上に出現させるという独自なスタイルは、エシュンを一躍、前例なき独自な音楽ライターとして音楽シーンに知らしめた。

ときを同じくして、ウォーリック大学で教鞭を握っていた哲学者のニック・ランドは、その才能を見抜き、彼が主宰するサイバネティクス・カルチャー・リサーチ・ユニットにエシュンを招きれる。そのコミュニティにおいて、のちにレコード・レーベル、ハイパーダブを始動させる音楽プロデューサーのコード9や、『資本主義リアリズム』の著者、故マーク・フィッシャーらとのエシュ

（たかはし はやと）1990年生まれ。音楽ライター。静岡県浜松市出身。ロンドン在住。ロンドン大学ゴールドスミス校博士課程在籍。研究者としては文化理論やメディア研究、自然・科学の哲学を横断的に考察。『ele-king』や『現代思想』などに寄稿し、ハイパーダブなどのダンス・ミュージック／電子音楽レーベルの日本盤ライナーノーツを執筆している。

ンの交流がはじまっていく。

そのような背景のもと、１９９８年、エシュンは自身初となる著書『More Brilliant Than The Sun』（以下、MBTTS）を発表する。上記のスタイルが濃縮されたこの著作において、エシュンはテクノの歴史を遡り、クラフトワークがやってきたディッセルドルフをテクノにとってのミシシッピ・デルタであると定義し、電子音楽家たちが非現実的なイメージを駆使するルーツを、ジョージ・ラッセルやカールハインツ・シュトックハウゼンに見出している。

そこから、人間ではなく機械が音楽を奏でる特異性、ドラッグ文化が生み出すサイケデリア、それらの相関関係のうちで変容していく身体性などの観点から、それまで、歌詞の分析に縛られすぎていたソウルやファンクを描き直し、ストリート主義に陥っていたヒップホップを形而上学の世界へと救済する。そして、エシュンは造語や現代思想用語と、ジョージ・クリントンやホアン・アトキンスらが楽曲のタイトルで用いた概念を同等の次元で接合させて、デトロイト・テクノやジャングルを通して、現代人はどのように世界そのものを捉え直すことができるのかを、我々に提示する。

そこで文体は社会批評や音楽批評といった旧世界の遺産から遠く離れ、概念やイメージがフィクションの登場人物／物体のように物語を形成する。重低音やサイケでリアを経由して鳴る音は、それまでの従来的な思考方法という正統性から漏れ出す「異質」を描く手段であり、エシュンはそれを「ソニック・フィクション（Sonic Fiction）」として打ち出している（この概念は美学研究者ホルガー・シュルツらによって現在も定義の議論がされている）。

この新たな「ＳＦ」において、リー・ペリーが「エフェクト（効果、結果）」であるはずのエコーやリヴァーブそのものを、サウンド生み出す起点（原因）として反転させたように、ロジックと非ロジックが表裏一体のものとして共存が可能になる。ミュージシャンたちは言葉ではなくサウンドで思考しているため、その存在に気づくことができるのだ。

ブラック・ミュージックの歴史に着想を得て、テクノロジーやサイバー文化のもと人間がエイリアンのような「異質」な存在に生成変化（ドゥルーズ＆ガタリ）していく様子に重点を置いているので、黒人音楽論としてのアフロフューチャリズム論とまでいわれる本書であるが、実はエシュン自身は本書においてそれほどそのタームを重要視していない。あらゆる人間が根本的にエイリアンであり、マシン・ミュージックで用いられる技術は、メディアや政治／社会管理システム、兵器などのあらゆる技術と関連しているという、「アフロ」に限定されない事象の地平面を『MBTTS』を突き進んでいるのだ。

テクノ・プロデューサーが操るリズムマシンには、未来を構築するような可能性が内在している。サウンド／概念はそこに人間を接続し、エシュンがいう「未来律動機《フューチャリズマシン》」という概念装置を形成するのだ。英語では一般事象の目的語としても用いられる代名詞「You」は、本書で多用されることによって、読み手を本書の概念の目的語に変換する効果を生み出している。また、本書のほぼ全ての文章が、過去や未来の事象であろうと現在系で書かれているのは、過去と未来の時系列が現在時点に集約するパワーがテクノに宿っていることを示唆している。

『MBTTS』は序文で述べるように、横たわるグリオといった伝統的なアフリカ回帰の表象を否定し、抽象次元から新たなアフロ史を描こうとしている。例えば、奴隷貿易において、黒人奴隷の単位は白人の3／5人分であると定義されていた。つまり、近代システムの樹立には、根本的に人間の非人間化のプロセスが作用していた。デトロイト・テクノには、ドレクシアの水中人の物語や、X-102がレコードの再生過程で人間を宇宙の塵と同等化するコンセプトなど、人間の非人間化のイメージが散見される。エシュンは黒人奴隷史の平行線をこのような大衆文化における表現形態に見出すことによって、伝統的な民間伝承の枠を超えて、ダークな歴史は常に未来的な技術を経由し、現在に「フィードフォワード」されている、という歴史観を描いているのだ。本書で彼が強調するテクノが人々の歴史を語る側面はここにあり、この点は現在のノン・ワールドワイドやスピーカー・ミュージックらの表現に接続されているといっても過言ではないだろう。

「私は自分が長くて暗いトンネルの中にいると気づいた。その出口には、とてもとても眩しい光が見える……それは太陽よりもずっと眩しかった」。本書のタイトルはジャングル・プロデューサー、オリジン・アンノウンの93年作〝Valley Of The Shadows〟内でのヴォイス・サンプルからの引用だ。『MBTTS』は暗闇を強烈な快楽によって照らすレイヴ・カルチャーとも接続されている。ここに示した例たちは、客観主義的新聞記事もマッチョなヒップホップも到達できなかった、非現実的現実であり、それらはダークな時代でこそさらに輝きを増していくのである。

CHRONICLE

黒い年代記

文：小林拓音　by Takune Kobayashi

ケンドリック・ラマーは2011年の楽曲〝HiiiPoWeR〟で奴隷船からマーカス・ガーヴェイ、キング牧師にマルコムX、ブラックパンサー党のヒューイ・ニュートンやボビー・シールやフレッド・ハンプトンまでをも引き合いに出し、みずからがどこに立っているのかをラップしている。あるいはビヨンセは2016年のスーパーボウルのハーフタイム・ショウにおいて、ブラックパンサーの衣装を身にまとい〝Formation〟を歌い上げている。彼らはなぜそのようなことをしたのか？

1997年、デトロイトのドレクシアは編集盤『The Quest』のインナースリーヴに、航海中の船から海中へと投げ捨てられた妊婦たちの子孫の物語を書き記し、大西洋の地図をプリントしている。本号のインタヴューでジェフ・ミルズは、アメリカの公教育においては黒人の歴史が教えられないと語っているが（P83参照）、ではわたしたちはどうだろう？

CHRONICLE

ジョージ・フロイド事件以降、各地で白人の「偉人」たちの像が引き倒されているのはなぜなのか？　アメリカの黒人がたどってきた過酷な道のりをわたしたちはちゃんと把握していると言えるのだろうか？　BLMにより歴史の大きな転換点となるかもしれない2020年だからこそ、彼らのルーツ（roots／routes）を、そして彼らの抵抗の積み重ねを確認しておくべきではないか？

諸悪の根源はもちろん、ドレクシアがほのめかしたように、白人たちのはじめた大西洋奴隷貿易にある。

奴隷制にもとづく資本主義の発展（15世紀〜16世紀）

大西洋奴隷貿易は、香料や金銀の入手およびキリスト教の布教のために「インド」＝アジアを目指したポルトガルによって開始される。アジアへと向かうためにはアフリカを経由せねばならない。かの国はその過程でアフリカ各地に次々と拠点を設置、最初の奴隷貿易の痕跡は1441年に見出される（連行したベルベル系のアゼネゲ人と取引し、10人の黒人奴隷を獲得）。当初黒人奴隷はヨーロッパへと運ばれていたが、コロンブスのサン・サルヴァドル島到達（1492）を機に「新大陸」の開発がはじまり、16世紀はポルトガルとスペインの2国を中心に植民地主義が推し進められていく。

奴隷貿易の主導権はその後オランダ、フランス、イギリスへと移っていき、18世紀に全盛を誇ることになるが、その過程で奴隷たちは――頻繁に蜂起もしていたとはいえ――逃亡したり自殺したりできぬよう拘束され拷問され、あるいは「商品」にならなくなった死体は海へと遺棄された。奴隷船はまさに「**移動する監獄**」だったのである（これは今日の刑務所の問題にもつながっていく）。点と点を結ぶ中継にすぎないはずの船そのものが多分に政治性をはらんだ闘争の場であったことは、後に「**ブラック・アトランティック**」というアイディアによって捉え返されることになる。

そもそもなぜ奴隷貿易がおこなわれたかといえば、端的に、それがもっとも儲かるシステムだったからである。ヨーロッパは取引に使うラム酒などの商品をアフリカへ送り、かわりに現地で奴隷を購入、カリブ海や南北アメリカへと運ばれた奴隷は、砂糖やコーヒー、綿花などと交換され、それらの特産品がヨーロッパへと売却される――この**三角貿易**の過程で利潤が抽出され、ヨーロッパの商業資本主義を支えることになった（とりわけ大きな恩恵を受けたのはイギリスで、奴隷貿易での資本蓄積が後の産業革命を促すことになる）。**資本主義**は奴隷制を基盤にしてこそ発展したのである。

奴隷制の合法化とそれに対する抵抗（17世紀〜19世紀初頭）

現在のアメリカ合衆国に〝初めて〟黒人奴隷が連れてこられたのは１６１９年だとされている。メイフラワー号がピルグリム・ファーザーズを上陸させる前年だ。イギリス最初の植民地であったヴァージニアに、オランダ船から20人の黒人奴隷が提供されたのである（ただし、それ以前にすでに32人の黒人がいたという記録もある）。もともとかの地で強制労働を課せられていたのはイギリスの罪人や貧者たちだったが、じょじょに黒人奴隷を使役する方向へとシフト、１６６２年にヴァージニアが法的に黒人奴隷制を保障したのを皮切りに、およそ1世紀をかけて13植民地すべてで奴隷制が合法化されていく（このころすでに黒人たちはサボタージュや逃亡などの抵抗を試みており、１７３９年にはサウスカロライナでジェミー・カトーが蜂起）。

18世紀後半になると、イギリスは植民地であるアメリカへの圧力を強めていくが、その過程で5人の植民地人が殺されるボストン虐殺事件が発生（１７７０）、その犠牲者のひとりは黒人だった（クリスパス・アタックス）。その後イギリスへの抵抗として茶を海に捨てるボストン・ティーパーティ事件（１７７３）を経て革命運動が勃興、そこには黒人も参加していたにもかかわらず、１７７６年7月4日の独立宣言において、黒人（と先住民）は「自由と平等」から排除される（起草者のトマス・ジェファーソンも奴隷所有者だった）。そして１７８９年に制定された**合衆国憲法**によって、すなわち州レヴェルではなく国家の最高法規によって、奴隷制が明確に保障されることになった（１７９３年には逃亡奴隷とりしまり法も成立）。

とはいえ独立戦争のこの時期、フィラデルフィアでクエーカー教徒により世界初の奴隷制反対協会が設立されたり（１７７５）、１７

CHRONICLE

７７年のヴァーモントをはじめ北部では奴隷制が廃止されたり、あるいは南部の一部でもコスパ的な理由から奴隷が解放されたりするような動きも起こっていた。

19世紀前半の南部では、ホイットニーによる綿繰り機の発明（１７９３）に代表されるイギリス**産業革命**の影響を受け綿花の生産量が増大、１８０８年には奴隷貿易が禁止されるも、その需要は伸びつづけ、奴隷制プランテイションが深度を増していく（１８５０年代には世界の綿花供給の4分の3を担うまでに）。このころまでに黒人奴隷たちのあいだでアフリカ由来の宗教や慣習とキリスト教文化が混じりあい、独自の音楽やダンス、民話、料理、ファッションなどが生成されていったが、やはり強制労働に伴う暴力やレイプは日常茶飯事であった。ゆえにサボタージュや生産手段の破壊、意図的な流産、主人を困らせ駆け引きをするための一時的逃亡など、黒人たち自身によって種々の抵抗が試みられる一方、白人の奴隷廃止主義者や、諸事情により奴隷から解放されていた自由黒人たちによって「**地下鉄道**」が組織され、**ハリエット・タブマン**らが北部やカナダなどへの奴隷の逃亡を支援、ジャーマン・コーストの蜂起（１８１１）のような武力闘争も勃発している。

他方、白人の一部は黒人奴隷をアフリカへ「帰す」ことを目指すアメリカ植民教会を設立し（１８１６）、じっさい１８２１年にはモンロヴィア（現リベリア）への最初の移住がおこなわれているが、ようするにそれは「白人と黒人は仲良くできないので、見えないところへ追い払え」という隔離政策であり、反発も招いている。奴隷制廃止主義者**デイヴィッド・ウォーカー**もその批判者のひとりで、彼は白人の殺害を肯定するパンフレットを著しているが（１８２９）、それに応答するかのように１８３１年には大規模な**ナット・ターナー**の武力蜂起が発生。他方、よりソフトなかたちで奴隷制廃止運動を展開した指導者に、黒人もアメリカ社会に同化できると考えた元逃亡奴隷の**フレデリック・ダグラス**がいる（人種のみならず性における平等も主張）。

なおこれらの抵抗には、フランス革命（１７８９）後にサン＝ドマング（現ハイチ）で起こった大規模な奴隷蜂起も影響を与えていたにちがいない。多くの名もなき逃亡奴隷たち＝**マルーン**（『Interstellar Fugitives』冒頭に収録されたサバーバン・ナイトの曲を想起せよ）が活躍し、トゥサン・ルヴェルテュールらの指導のもと展開されたこの抵抗運動は、やがて宗主国フランスから独立を勝ちとり、世界初の黒人共和国を成立させるに至る。**ハイチ革命**（１７９１〜１８０１）である。

奴隷解放宣言とその反動（19世紀

相互依存的な関係にあった北部（自由州）と南部（奴隷州）は、互いの均衡を保つべく、１８２０年にミズーリ協定を成立させているが（新たに西側にできる州は、36度30分を境に南北で奴隷制かどうかを決定）、メキシコ戦争（１８４６〜48）や逃亡奴隷とりしまり法の強化（１８

ニーナ・シモン――ただひたすら、革命を夢見た音楽家

文＝野田努　by Tsutomu Noda

たまに音楽ライターがたいした考えもなく「●●はニーナ・シモンのような」などと書いたりする。「ニーナ・シモンのような」人は彼女本人しかいない。彼女は公民権運動にを身を投じ、革命のために生きて、革命のための暴力を肯定し、ボロボロになるまで闘った。その時代のラディカルたちとも顔見知りで、とりわけ「ブラック・パワー」の提唱者ストークリー・カーマイケルとの交流は深く、そして多くのラディカルたちから愛された音楽家である。

１９６３年９月、キング牧師にの演説で有名な「ワシントン大行進」から数週間後、アラバマ州バーミンガムにて、ＫＫＫにより教会が爆破され、学びに来ていた黒人少女４人が死んだ。悲しみを怒りに変換したニーナは、有名な〝ミシシッピ・ガッデム〟を書いた。「ガッデム（くそったれ）」という言葉を歌う人など男でもまだいない時代、その直球のプロテスト・ソングを歌うと場内は静まりかえった。この曲が彼女の意志で翌年シングル盤になると、いくつかのレコード店からは段ボールごとの返品があり、なかのレコードは割られていたが、それを見てニーナは思わず大笑いしたと、彼女の自伝に記されている。

１９６８年４月４日、キング牧師が暗殺された３日後、彼女は新曲〝ホワイ？（The King Of Love Is Dead）〟をライヴで披露した（※アルバム『Nuff Said!』収録）。「彼のために書いた曲です」というＭＣの後に、ピアノとともに彼女は歌う。「かつてこの地球という惑星に、同

胞たちのために愛と自由を説きながら慎ましく生きた人がいた」「殺されることを悟りながらも、彼は逃げも隠れもせず、休むこともしなかった」

ニーナ・シモンのような人はほかにいない。彼女の最初のヒット曲〝アイ・ラヴ・ユー・ポギー〟が世間を賑わせると、人は彼女をビリー・ホリデーと比べたがったが、それを彼女は嫌悪した。黒人女性というだけで同じ枠に括ろうとする横柄さにも閉口したが、そもそも彼女はジャズ・シンガーではない。ニーナのもともとの夢は、アメリカで黒人として最初にカーネギーホールで演奏するピアニストになることだった。

彼女は南部の貧しい出だが、両親を尊敬できたという意味では良い家庭に生まれた。椅子に座ると床に足が付かない3歳のときからピアノを習い、ゴスペルと同時にバッハを練習した。優秀な成績で高校を卒業すると奨学金を得て名門ジュリアード音楽院に進学したが、さらにレヴェルの高いカーティス音楽院の試験には受からなかった。無名の黒人であり、女であり、貧しい黒人女学生だったからだ。生活費を稼ぐためにナイトクラブで演奏するようになったことは大衆音楽への架け橋となったが、彼女の高度な演奏はクラシック音楽からきている。

ニーナに政治を教えたのは、先駆的女流作家のロレイン・ハンズベリーだった。クラシックを学んだ彼女は大衆音楽における技術の低さに愕然とし、それで喜ぶ聴衆にも失望したが、プロテスト・ソングを歌うようになってから、音楽とは知識や技術で聴くものではないと思えるようになった。重要なのはそこではない。モーツァルトを上手に弾くことより大切なことがある。彼女はあるとき、マサチューセッツ大学での公演中にこう言った。「ここにいる1万8千人の学生のうち黒人は３００人。この曲はその３００人のために歌う」、それが後にアレサ・フランクリンやダニー・ハザウェイをはじめ、ジャマイカのボブ・アンディとマルシア・グリフィス（数年後ザ・ウェイラーズのコーラスを担当）にもカヴァーされる〝To Be Young, Gifted And Black〟（70）だった。「若く、才を与えられ、そして黒い／ああ、その胸に抱く夢はなんとプレシャスで愛らしいことか」

ぼくは黒人ではない。が、夭折したロレインの未完作に着想を得たというこの曲を聴くといまでも涙が出る。彼女はいったいどんな思いでこの曲を書き、歌ったのだろう。

リーダーたちが殺され、投獄され、組織が解体し、政治の季節が終わるとニーナはアメリカを離れ、そして二度と戻ることはなかった。

chasin' the trane——コルトレーンを追いかけて

文=平井玄 by Gen Hirai

「7月18日、むし暑い火曜日。夕刻、雷鳴。午後5時、ジョン・コルトレーン死亡の報をうける。2日前の日曜夕刊にニューアークの黒人暴動がつたえられている」

——と1967年に書いたのはもちろん自分じゃない。26歳の平岡正明である(「コルトレーン・テーゼ」、『ジャズ宣言』1969年)。私は、イヤやめとこう。オレは15歳でディランからデルタブルースに下降して、一方じゃ、わけもわからずロリンズなんかに齧りついたころだ。アメリカで何が起きているのかなんて、もちろん中学生の眼中になかった。

JOHN COLTRANE (1926~1967)

今ではいろいろなことがわかっている。マンハッタンの西岸、ニューアーク生まれのリロイ・ジョーンズはこの日(16日)、騒乱の発火点にいた。後にこう語っている。「われわれは警察署の前でピケを張っていました。(警官による黒人タクシー運転手への)殴打事件が起きたのはそこだったからです。その日の日没が始まる前に火が点きました」(「アフリカンアメリカン・フォーカスブログ篇」、大竹秀子訳)。

この3月には、バラカになる以前のリロイが主導するBlack Arts Movement、その一環であるロフトジャズの試みにコルトレーンは加わる。さらにハーレムでのオラトゥンジ・アフリカ文化センターが開かれる会でも演奏した。コルトレーンとリロイは接近していた。だが、17日にロングアイランド中部のハティントン病院で肝臓がんでテナーマンが死の床についた時、マンハッタンを越えて60マイル離れたニューアークの衝突現場から、詩人は離れられなかったと思う。その

1週間後の7月23日に今度はデトロイト市の12番街でさらに大きな騒乱が起きる。こうした緊張した攻防の中からブラックパンサー党が生まれたのである。

「歴史にとって、もっとも強烈で深刻な原動力は民衆の暴力である」と平岡正明が言葉を刻んだのもこの進行を感じながらだ。この生々しいコルトレーン・テーゼは今も生きている。だが不幸もここからだ。この峻烈きわまるテーゼとともに、1968年の高校生は真っ暗なジャズ喫茶でコルトレーンのゴーストを聴くことになったのである。『至上の愛』『アセンション』『オム』『クル・セ・ママ』『メディテーション』。

レレレのレだった！　集団即興の轟音なのに敵意がまったく蒸留されている。聴覚野を切り拓く濁ったビートもない。「コルトレーンの最大の誤謬は、これらの（前衛ジャズの）問題を丸がかえにして「神さま」のスカートの中に逃げ込んでしまったことにある」（同テーゼ5）。いつまでも「マイ・フェイヴァリット・シングズ」を崇める上の世代がうるさかった。だからオーネット、アイラー、シェップに没入する。この断裂は大きかったのである。

ところがバリケードの落武者と化した1970年の冬に、たまたま潜った地下の店で『インプレッションズ』が耳に入る。タイトル曲はマッコイ、エルヴィン、

ギャリソンのいつものメンバーに、バスクラのエリック・ドルフィーが飛び込んだ1961年11月のヴィレッジヴァンガードでのライヴである。壁に向かって音を叩きつけるトレーンがいた。バスクラはむしろ控えめだ。それでも二つ下のドルフィーにヌラヌラと刺激されている。さらに『ライヴ・アット・ヴィレッジヴァンガード』の「チェイシン・トレーン」に遡っていく。

ここには敵意に満ちたコルトレーンがいる！　こうして『サンシップ』『セルフレスネス』『インターステラー・スペース』というもうひとつの鉱脈を発見する。前進するフリーの探究と、レコード会社による「マイ・フェイヴァリット〜」的なセールス追求に挟まれて悩んだ末の早逝。これがコルトレーン通史の標準的な語りである。だがマイルスに「サックスから唇を離せ！」と言われた、爆発的な自動記述というコルトレーンの道は続いていたのである。

平岡は「ジャズが世界を喰らうか、世界がジャズを喰うか」という啖呵でテーゼを閉じる。ところがインナーシティ化の後で、ゲットー全体が荒野の巨大な監獄産業に幽閉されるとは、マルコムもバラカも平岡も思わなかっただろう。黒いパワーもブルース衝動も無機質な塀の中で朽ち果てる。この壁をぶち破るためにもう一度コルトレーンを聴き直したい。

50）を経て両者の対立は深まっていき、1854年にカンザス・ネブラスカ法（新たに加入する州を奴隷制にするかどうかは、そこの住民の意思による）が導入されるも、1857年にはそれを否定するドレッド・スコット判決が下り（合衆国のどこであろうと奴隷は財産として保護されねばならない）、当時ベストセラーとなったストウ『アンクル・トムの小屋』（1852）の影響もあったのだろう、北部はどんどん反奴隷制に傾いていく。

この対立からは、奴隷制をもとにしたプランテイションと、自由労働にもとづく工業化した生産様式とでは、どちらがよりよい資本主義か——というような体制側の無意識を読みとることができるが、ともあれかくして共和党のリンカーンは「南北で分裂してはいけない」と演説することになる（彼自身の悲願はあくまで南北の統一であり、奴隷は解放されてもされなくてもいいという考え）。リンカーンが大統領に当選（1860）するやいなや南部は連邦を離脱、**南北戦争**と呼ばれる内戦の幕が切って落とされる（ダグラスは開戦を歓迎）。南部を勝たせるわけにはいかない黒人たちは、逃亡や暴動で南部の軍事力を落としつつ、また北部の軍（連邦軍）に加わることで戦争に間接・直接に関与することになる。

南部攻略の手札の1枚として奴隷解放宣言（1863）を発したリンカーンは戦争中に再選、最終的に北部の勝利（1865）を導くが、その直後に暗殺される。引き継いだジョンソン政権下で奴隷制を廃止する**憲法修正第13条**や市民権・参政権を保障する同第14・15条が成立するも、同年クー・クラックス・クラン（KKK）が結成され、各地で尋常ならざる襲撃を繰り広げる。これを苦慮した共和党は、大統領選を勝ち抜くために旧奴隷所有者層と取り引きし、南部の支配を民主党に委ね（**1877年の妥協**）、黒人たちを切り捨てる道を選んだ。

この流れは加速し、1896年には人種で隔離しても憲法修正第14条には違反しないという「**分離すれども平等**」の原則を打ち出したプレッシャー対ファーガソン判決が下り、学校や教会、交通機関やレストランなどで人種隔離を合法化する州法が定められていく。いわゆる**ジム・クロウ体制**の全面的な確立である。憲法修正第15条についても、読み書きテストの導入などで黒人から実質的に参政権を剥奪する法が南部全域で成立。結果、裁判官や保安官は白人だらけになり、白人たちは罰せられることなく黒人に暴力を振るったりレイプしたりできるようになった。

60年代の運動を準備した先駆たち（20世紀前半）

むろんこの流れに抗う動きも多数起こっている。反リンチ運動家のアイダ・B・ウェルズや黒人女性クラブなどをはじめ、19世紀末から20世紀初頭にかけて全国黒人農民同盟（1886）、人民党（1891）、全国黒人女性協会（1896）などの団体が相次いで設立されているが、なかでも重要なのはブッカー・T・ワシントンとW・

E・B・デュボイスのふたりだろう。ワシントンは、黒人たちが実学に励み経済的自立を達成することによって中産階級を形成すれば、白人たちもそれを無視できなくなる——との考えにもとづき、専門学校の創立などタスキーギと呼ばれる運動を展開するが、そのワシントンを著書**『黒人のたましい』**（１９０３）で批判したのがデュボイスだった。実学よりも高等教育の重要性を説く彼の啓蒙活動はナイアガラ運動と呼ばれ、１９０９年にはその思想を汲んだ全国黒人向上協会（ＮＡＡＣＰ）が結成される。これにやや遅れるかたちでワシントンのほうの流れを汲む団体、全国都市同盟（ＮＵＬ）も設立されているが、ともあれ黒人であることとアメリカ人であることの二重意識に着眼しつつ、社会学的分析のなかに音楽（民謡や黒人霊歌）の事例を盛り込んだ『黒人のたましい』は、後世に大きな影響を与えることになる。

　そのデュボイスが「帝国のための戦争」だと喝破した第一次世界大戦（１９１４～18）では、従軍した黒人兵士たちがフランスで人間として扱われ、黒人たちの精神面に変化がもたらされる。また戦後経済の活況により労働市場も変化し、１９１０～30年代に黒人たちは南部から北部へと大移動を繰り広げる。１９１９年の**シカゴ**の暴動はそのような社会の変容を象徴しているが、１９２１年にはオクラホマ州**タルサ**で、白人たちによるあまりにも過激な虐殺がおこなわれ、アメリカ史上最悪の事件とまで呼ばれることになる。

　この時期に擡頭した指導者が**マーカス・ガーヴェイ**である。１９１６年に渡米しＮＹを拠点に活動したジャマイカ出身のこの思想家は、ＫＫＫにも歓迎された**アフリカ帰還運動**を提唱し（その航行のために組織された会社の名を拝借したのがモス・デフとタリブ・クウェリのブラック・スター）、「神は黒人」などの発言で後のブラック・ナショナリズムやフランス語圏のネグリチュード運動に影響を与える。なお、この１９２０年代前後のＮＹでは黒人のアートが花開いており、**ハーレム・ルネッサンス**と呼ばれている。代表的な作家にラングストン・ヒューズやゾラ・ニール・ハーストンがいる（そしてもちろん、ジャズも）。

　その後の世界恐慌（１９２９）により南部では多くの農場が倒産するが、対策として打ち出されたニューディール政策（１９３３）はやはり黒人たちにとって不利なものばかりだった（フランクリン・ローズヴェルトの支持基盤は南部民主党）。第二次世界大戦がはじまると、戦争協力と引き換えに国防産業における黒人の雇用確保を求めるワシントン行進がフィリップ・ランドルフによって企画され、一部の軍需部門における人種差別を一時的に廃する大統領行政命令８８０２号を引き出すに至る。とはいえ人種対立は依然として燃え続け、戦中の１９４３年にはデトロイトを筆頭に47都市で大規模な暴動が起こっている。

キング牧師と公民権運動

JAMES BROWN

JAMES BROWN

(1933~2006)

ジェイムズ・ブラウン――はじめにリズムありき、そして黒いということ

文=野田努　by Tsutomu Noda

アミリ・バラカがまだリロイ・ジョーンズを名乗っていた時代のもうひとつの名著に『ブラック・ミュージック』がある。かの有名な「変わっていく同じもの（The Changing Same）」なるタームはこの本のなかで論じられているわけだが、論中バラカはジェイムズ・ブラウンに関して興味深い解説をしている。「もしジェイムズ・ブラウンの音楽（たとえば〝君は金では動かない Money Won't Change You〟）を銀行で演奏すれば、皮肉が効いた歌詞のみならず、リズムと楽器、音の配置によってその場全体を変えてしまうだろう。放射されるエネルギーがその場にいる人びとにイメージを喚起させ、別世界へと導く。黒人たち《ブラック・ピープル》が暮らしているところへと。それは黒人が住んでいる場所という単純な話ではない。ほぼ絶対的な開放性と強さにおいて黒人たちが息づく場所、エモーショナルな語りにおけるスピリチュアルな領域へと連れていってしまうのだ」

バラカによれば、要するにＪＢの音楽は、たとえ銀行のような白人ばかりのお堅い場所であっても、すべてを黒く変えてしまうほどの力があるというのだ。

ＪＢとは、ファンクの発明者である。ポップスにおいてもっとも重視されていたメロディなんぞよりもリズムに集中し、その強化されたパーカッシヴなビートと彼の（歌うのではなく）奇声めいたシャウトとの掛け合いからなるシコペートするリズムは、のちのロックのみならずとくにヒップホップ、あるいはハウスやテクノを含め、今日我々がダンス・ミュージックとよびうるものすべての原型となった。そう、ダンスすること――メタファーとしての〝ダンス〟はマーサ&ザ・ヴァンデラスによる〝ダンシング・イン・ザ・ストリート〟（64）のように暴動を暗示させているが、実際ＪＢのリズムは政治の季節のなかで攻撃性を増していった。１９６５年２月に録音された〝Papa's Got a Brand

〝New Bag〟ではすべての楽器がリズムマシンとなるべく調整され、使用するコードはふたつで十分だった。さらに重要なことは、この革命的な曲がR＆Bチャートとポップ・チャートの両方でヒットしたことだった。

1933年にサウスカロライナ州バーンウェルのひと部屋しかない小屋、極貧のなかで生まれたJBは、4歳のときに母に見捨てられ、6歳からは売春宿を運営する叔母のもとで育った。そして16歳のときに少年拘置所にぶち込まれるという、タフな人生を強いられている。「かつて俺はラジオ局の前で靴を磨いていたが、いまではラジオ局を所有している」とブラウンは自伝のなかで回想しているが、彼にとって人生は勝ち上がるものであり、それが彼のブラック・パワーだった。だからこそ彼はソウル・ブラザー・ナンバーワン、すなわち労働者階級の黒人大衆文化の中心になりえたとも言える。

60年代の政治の季節にまみれたJBは、ジェイムズ・メレディス（1962年、黒人として初めてミシシッピ大学に入学、その反動で大学内で暴動が起きている）との交流を通じて運動との距離も縮め、〝Money Won't Change〟（66）や〝Don't Be a Drop-out〟（66）といったメッセージ・ソングも録音するが、彼の最強のプロテスト・ソングといえば1968年8月7日、子供のコーラスを加えて録音した〝Say It Loud, I'm Black and I'm Proud〟である。

『ファンク』の著者で知られるリッキー・ヴィンセントは2013年に発表した論考でこう書いている。

「〝Say It Loud〟は黒人大衆音楽《ブラック・ポピュラー・ミュージック》のターニングポイントであり、黒人大衆文化《ブラック・ポピュラー・カルチャー》の分岐点だ。それまでの黒人大衆音楽では、黒人の苦渋を白人に対してその曲のようなあからさまなやり方で表現していない。1939年のビリー・ホリデーの〝奇妙な果実〟や1963年のジョン・コルトレーンの〝アラバマ〟のような白人至上主義に対する厳粛な批評は強力ではあるが、メランコリックでブルースに染みている。ニーナ・シモンによる1964年の〝ミシシッピ・ガッデム〟は猛烈なパフォーマンスに違いないが、風刺であり、曲が反映するのは南部の公民権運動の悲しみである。そのいっぽうでブラウンときたら、すでに勝ち誇っているのだ」（＊）

「跪いて生きるくらいなら、俺は立って死ぬ」、この名文句を載せた〝Say It Loud〟はポップ・ヒットを果たし、〝黒人〟という言葉を人びとが高々といえる契機にもなった。いま我々がそれを使っているのも、JBのお陰である。

が、こうした栄光とともにJBは〝America Is My Home〟（68）のような愛国歌や、かの有名な〝It's A Man's, Man's, Man's World〟（66）という家父長的人生観を補完する曲も堂々と歌い、リベラルたちのヒンシュクを買っている。ベトナム戦争の真っ直中には戦地で演奏し、リチャード・ニクソンの選挙応援にまで手を貸している（と同時に、「金くれ、金くれ」と繰り返すファンクの名曲〝You Can Have Watergate～〟も書いている）。人種平等会議（CORE）に資金を与え、過激派ラップ・ブラウンにも手を差し伸べてはいるが、黒人の資本主義的豊かさに拘るこの芸能人《エンターテイナー》をブラックパンサー党は諸手を挙げて評価することはなかった。所詮は芸能人《エンターテイナー》であり、その音楽は気晴らしである、というのがストイックなラディカルたちの結論だった（＊）。

だが、それはJBの両義性の片面しか見ていない。JBは、黒人でもっとも最初にメインストリームで影響力を持った芸能人だったし、〝Say It Loud〟が60年代の黒い政治運動とリンクしたことも避けがたい事実である。だいたいブラックパンサー党のお抱えバンド、ザ・ルンペン（その名はマルクスの用語「ルンペン・プロレタリアート」から来ている）は、JB直系のファンクを演じている。また、JBの影響は、ジャマイカ（ボブ・マーリーやリー・ペリーなど）にも、ナイジェリア（フェラ・クティ）にも、そしてドイツの実験的ロック（CAN）やUKのポストパンク（ザ・ポップ・グループやザ・スリッツ）などにも及んでいる。のちに否定されるべき点も少なくなく、彼のタフな人生は現代のラッパーに見られるステレオタイプとなっているが、それ以上のこともJBはやっているのだ。

70年代初頭のNYから登場した政治的アジテーションで知られる詩人集団、ザ・ラスト・ポエツには〝ジェイムズ・ブラウン〟というJBを讃える曲があり、アミリ・バラカはJBに関してこうも言っている。「我々にとってナンバーワンの黒人詩人である」と。

（＊）Rickey Vincent "Party Music: The Inside Story of the Black Panthers' Band and How Black Power Transformed Soul Music" 2013

ARCHIE SHEPP
(1937~)

アーチー・シェップ——自由と闘争の黒人音楽としてのジャズ

文=松村正人　by Masato Matsumura

コルトレーンの１９６４年の『A Love Supreme』と65年の『Ascension』で合流したかにみえたモードとフリーはしかし67年のトレーンの急逝で精神的支柱を欠き宙ぶらりんになりかけたが、その意思を継ぎ、ポストモードとしてのフリーに道筋をつけたのが本稿で述べるアーチー・シェップである。

１９３７年生まれで今年83歳になるサックス奏者アーチー・シェップは90代目前のソニー・ロリンズよりはいくらか若いが、同年のロン・カーターらとならび、ジャズ界では最長老の部類にはいる。当然キャリアは長く、作風も多岐——ただし80年代以降は伝統墨守的な傾向に収斂したきらいもある——にわたるが、その原点にはトレーンとテイラー、ふたりの巨人が影をおとしている。シェップの初録音はセシル・テイラーのキャンディットからの61年のファースト『The World Cecil Taylor』の2曲。ジャズピアノの語法を果敢に拡張するテイラーの引き立て役的なあつかいだが、その演奏には後年を彷彿する濁りと嘶きがかいまみえる。フリージャズ黎明期にあって牽引車のひとりとあいまみえたことは60年代前半陸続とあらわれる即興演奏家のなかでもシェップの才能を裏書きする根拠ともなった。当時シェップはドン・チェリー（tp）、ジョン・チカイ（as）らとのニューヨーク・コンテンポラリー・ファイヴで集団即興の新機軸を模索する一方で、ビル・ディクソンの〈ジャズの十月革命〉や、ジャズ・コンポーザーズ・ギルドの〈十二月の四日間〉

など、64年をフリージャズの年にした歴史的イベントにあいついで名を連ねるばかりか、その年の8月にはコルトレーンのプロデュースで彼の曲をとりあげたアルバム『Four For Trane』の録音もすませている。勢いにのったシェップは翌年2、3月にトレーンの息のかかったインパルスにリーダー作『Fire Music』を吹き込み自身のジャズ観を世に問うことになる。

それすなわち自由と闘争の黒人音楽としてのジャズである。むろんその背景には公民権運動の高まりがある。3曲目の「Malcolm, Malcolm - Semper Malcolm」などは端的なオマージュだが、フリーキーな「イパネマの娘」をふくむ本作にはその3ヶ月後にアイラーがESPで録る『Spiritual Unity』ほどの切迫感はない。アイラーはシェップの1年年長で、トレーンの影響下でフリーの道に入った点では、御大の翌年の問題作『Ascension』にシェップとともに客演したファラオ・サンダースとあわせなにかと較べられがちである。かぎられた本稿の紙幅で三者の音楽性を比較検討することはむずかしいが、あえて強引にやってみると野趣あふれるアイラーに比してシェップは理論派でファラオは感覚派となるだろうか。BAM（Black Arts Movement）の前身のひとつである黒人詩人による運動体「アンブラ（UMBRA——「影」の意のラテン語）」の一員でもあったシェップは急進的な政治や文学の素養ももちあわせていただろうし、その音楽からは野放図な自由《フリー》にとどまらない周到な構想《ヴィジョン》もかいまみえる。モードとフリーの調停はむろんのこと、そのはてにブルース、ジャズ、ソウルといった黒人大衆音楽の統合をみすえるかのごときシェップの大局観は66年の『The Magic Of Ju-Ju』のアフリカ志向にもつながり、これはやがて69年にフランツ・ファノンが独立に深くコミットしたアルジェリアの地で開催した〈パン・アフリカン・フェスティヴァル〉への参加へシェップを導くことにもなる。ニーナ・シモンや、ストークリー・カーマイケルの妻ミリアム・マケバらも参加したこのフェスはシェップにおおいなる霊感をあたえ、その成果はフランスのBYGからの71年の『Live At The Pan-African Festival』で『The Magic Of Ju-Ju』の完成形として聴くことができる。フェスの直後、シェップはBYGの求めに応じ欧州に渡り、さらに数作を同レーベルにのこしたが、アッティカ刑務所の暴動事件をとりあげた72年の『Attica Blues』のカラフルな祝祭性ともことなる、シェップがもっとも直接的に政治的だったこの時季の諸作こそいま身体にもっとも響く濁りと嘶きを湛えているというべきであろう。

Archie Shepp
Yasmina, A Black Woman
BYG Records, Actuel 4 / 1969
AEOCのメンバーも参加したパリ録音作。「身も心も」などスタンダードもふくむシェップらしい構成だが、圧巻は自作曲「Yasmina」でのブロー。ここでは目立たないが、シェップの片腕でコルネットを吹くクリフォード・ソーントンにはブラック・パンサー党への強烈なシンパシーを表明するリーダー作『The Panther And The Lash』（71年）がある。

大戦中に大統領となったトルーマンは戦後、トルーマン・ドクトリンを宣言し反共路線をとって赤狩りを推進、黒人運動側もフィリップ・ランドルフやＮＡＡＣＰのような反ソ勢が主導権を握り、「共産主義者」と認定されたデュボイスはパスポートを剥奪され、全国の図書館から著作を撤去される。

他方で裁判闘争での人種隔離撤廃をめざしていたＮＡＡＣＰは、１９５４年に「隔離は不平等」との**ブラウン判決**を勝ちとり、公立学校における人種差別が撤廃されることになった。１８９６年以来の「隔離すれども平等」がついに覆されたわけだ（ただし、２００7年の最高裁判決により同判決は骨抜きにされ、事実上の人種隔離がふたたび肯定されることになる）。これが白人たちの猛反発を買い、アイゼンハワーも消極的な態度をとり続けたため、オーザリン・ルーシー事件（56）やリトルロック高校事件（57）などに端を発する暴動が誘発されるが（後者はチャールズ・ミンガスが曲の題材に）、とはいえやはりこの判決は黒人たちにとって大きな転機となったようで、以後いくつかの重要な運動が生起していくことになる。

１９５５年、アラバマ州モントゴメリーでバスの白人席に座り、移動を命じる運転手に「ノー」と答えた**ローザ・パークス**（ＵＲは「Inspiration / Transition」に彼女の写真をプリントしてリリース）が逮捕されたのをきっかけに、バスボイコット運動がはじまる。そのリーダーに選ばれたのが、ガンディーに影響を受けたバプティスト派の牧師、当時26歳の**マーティン・ルーサー・キング**だった。白人たちの暴力にさらされながらも運動は1年間続き、バス会社は倒産寸前まで追い込まれ、56年11月には「バスにおける人種隔離は違憲」との最高裁判決が下される。この過程で南部キリスト教指導者会議（ＳＣＬＣ）も結成されているが、これらの運動は「黒人」ではなく「すべてのアメリカ人」が享受すべき権利を問題として設定していたため、**公民権運動**（the civil rights movement）と呼ばれる。

１９６０年のノースカロライナ州グリーンズボロでは四人の学生が簡易食堂のカウンターで**シット・イン**（座り込み）運動を開始。暴言や暴行を浴びながらひたすら座って耐え続けるこの運動は南部各地に伝播し、5万人もの学生が参加することになる。これを機にＳＣＬＣから独立した面々が新たに学生非暴力調整委員会（ＳＮＣＣ）を結成する。

61年には黒人差別の是正を訴えていたケネディが大統領に就任するものの、彼も権力者であることに変わりはなく、公民権についてはなかなか動き出さなかった。それを受け人種平等会議（ＣＯＲＥ）が「**フリーダム・ライド**」運動を展開。州をまたいで走行するバスに乗り込み、56年の判決がほんとうに守られているかどうかを身命を賭して追求、モントゴメリーでは白人たちの過剰な妨害が暴動にまで発展し、ケネディも声明を出さざるをえなくなる。

奴隷解放宣言から１００周年にあたる63年5月、ＫＫＫによる爆弾攻撃が日常化していたがゆえにボミングハムと呼ばれていたアラバマ州バーミングハムでは、ＳＣＬＣとキングが「プロジェクトＣ」

と呼ばれる抗議活動を実行、それに対する白人や警察の過剰な弾圧を経て非暴力運動への共感が高まっていき、ケネディも連邦軍を派遣、新たな公民権法案を議会に提出することを約束する。

運動の指導者たちは、ケネディがそれをちゃんと実行するよう**「ワシントン行進」**を企画。入念な事前準備を経て8月28日には20万人が当地に集結、キングはかの有名な「**わたしには夢がある**」の演説をかますことになる。3ヵ月後の11月にケネディは暗殺されてしまうが、引き継いだジョンソン政権下で**公民権法**が成立（1964）。有権者登録における読み書きテストなども廃止されることになった。ジム・クロウ体制の終焉である。

このようにおもにキングを象徴として展開された公民権運動であるが、彼の非暴力直接行動の目的が波風を立てること、敵対性をつくり出すことにあったことは忘れてはならないポイントだろう。キング自身もバーミングハムでの拘留中に、これまで話し合いを拒んできた社会に危機感と緊張を生み出すことの必要性を強く説いている。また彼が、ヒトに対する暴力とモノに対する暴力とのちがいを認識していたことや、国内における人種差別と国外に対するアメリカの政策や資本主義との構造的な類似性を見抜いていたことも重要である。それゆえ彼は暗殺される68年、「黒人」ではなく「貧者」のキャンペーンを企てることになる。

ロング・ホット・サマーとブラック・パワー

64年から72年にかけては全国で暴動が多発したため、「**ロング・ホット・サマー**」と呼ばれている。なかでも大きいのは、1965年8月11日のLAの**ワッツ**、1967年7月12日の**ニューアーク**、同月23日の**デトロイト**での暴動だが、いずれも警官によるとりしまりや暴行がきっかけとなっており、またどの暴動でも警官や州兵によって多くの黒人が射殺されている。

この季節において忘れてはならないのが、**マルコムX**の存在だろう。元ハスラーであり、獄中でネイション・オブ・イスラム（NOI）の教義に触れ、出所後すぐに入信していた彼は、57年の英雄的行動で一気に注目を浴びることになる（警官に暴行され逮捕されたNOIのメンバーがちゃんと治療を受けられるよう要求、病院まで同行し見守った）。

その後NOIのスポークスマン的存在になったマルコムはしかし、イライジャ・ムハンマドとの関係が悪化したことでNOIを脱退、本場のイスラームを知るべくメッカへと巡礼し、アフリカへの訪問も果たす（64）。帰国後にはアフロ・アメリカン統一機構（OAAU）の構想を発表し、インターナショナルな黒人連帯の可能性を探るが、そのなかに「**いかなる手段をとろうとも**」というフレーズが登場する（後にブギ・ダウン・プロダクションズがアルバム・タイトルに採用）。暴力賛美として誤解されることになるこの一句は、むしろ暴力をふるわれているのは黒人たちであること、その黒人たちも連帯すれば体制に打ち勝てること、そのためにはいつまでも黙ってはいないぞと

ジョージ・クリントン——政治を好まないPファンクの政治表現について

GEORGE CLINTON (1941~)

文＝河地依子　by Yoriko Kawachi

Pファンクの曲は、何かメッセージがありそうな気がして歌詞を読んでみても、何やら楽しげで煙に巻かれて、結局よくわからない、ということが多い。それもそのはず。ほとんどの歌詞を書いているのはジョージ・クリントンだが、シリアスに語ってはとっつきにくく敬遠されがちなメッセージを、ユーモラスな表現や婉曲な比喩を使って、一見、楽しそうに仕上げる、というのがジョージのやり方だからだ。72年のファンカデリック名義作『America Eats Its Young』には、ヴェトナム帰還兵の問題を正面から扱った「March To The Witche's Castle」という曲あるが、こういうシリアスでストレートなメッセージ・ソングは、Pファンクには珍しい。

そもそもジョージは政治的な発言を好まないし、ブラック・パンサー党などの組織に敬意は表しても、自分がそうした運動に関わって矢面に立つつもりはないとも公言している。アフリカから奴隷として強制連行されてきたその時代からずっと、アメリカに暮らす黒

人の命は理不尽に軽視され続けてきたため、闘争の先頭に立つことは文字通り命がけだ。だからジョージはそうした危険を回避した上で、巧妙に隠された社会の仕組みの暴露や、過酷な状況をやり過ごすための知恵などを、親しみやすい歌詞やコンセプトに忍ばせることで、メッセージを広く伝える手法をとることにしたのだと思う。たとえば79年のファンカデリック名義作『Uncle Jam Wants You』では、ジャケットでブラック・パンサーのヒューイ・ニュートンの有名な写真を模しながら、ファンクを守るアンクル・ジャムの軍隊に勧誘するという粋なアイデアを展開した。78年のファンカデリック名義曲「One Nation Under A Groove」同様、古来、人間にとって抵抗の象徴的な一形態であるダンスの意義、そして何より反戦の意志を内包したメッセージだ。

　こうやってメッセージを伝えるだけでなく、人々が明日への活力とできるようなファンタジーを盛り込んで、Pファンクを究極のエスケイピズムの手段としたのもジョージの真骨頂。たとえば75年のパーラメント名義作『Chocolate City』の表題曲では、ホワイトハウスにモハメド・アリがいて、ファースト・レディはアリサ・フランクリン、要職にはリチャード・プライヤーやスティーヴィー・ワンダーらが就く仮想黒人政権を誕生させた。08年のオバマ政権誕生に30年以上先駆けて、こんなファンタジーがラジオから流れてくるのを聴いた人々の歓喜は計り知れない。また同75年のパーラメント名義作『Mothership Connection』で、地球にファンクを蔓延させるためにマザーシップでゲットーの路地裏に着陸したドクター・ファンケンシュタインに扮したジョージは、77年のアース・ツアーではマザーシップをステージ上に着陸させて、観客に乗船を呼びかけた。当時、大人気だった映画『Star Wars』の主要キャストには黒人俳優が起用されなかったので、ジョージはマザーシップに乗って宇宙に飛び立つという自分たち用のファンタジーを創出し、全米各地の観客たちに夢を与えたかったのだ。そして同年パーラメント名義で発表された同ツアーのライヴ盤『P-Funk Earth Tour Live』の最後にはスタジオ録音曲「Fantasy Is Reality」を収録し、「ファンタジーを現実だと思って頑張れ」と伝えることも忘れなかった。

　92年に初めてジョージに会ったとき、「窓から飛び降りたいと思うような気持ちになることもあるが、そんなときに思いとどまらせてくれる最後の希望がファンクだよ」と教えてくれた。当時は全く意味がわからなかったが今はわかる。ジョージは一番手前のところで人心を支えようとしていたことが。

（かわち よりこ）１９５９年、東京生まれ。小学校の謝恩会でウクレレを抱えてＲＣサクセション「ぼくの好きな先生」などを披露して以来、学生時代はバンド三昧。82年の秋ごろからライターを始め現在に至る。専門分野はアメリカの黒人音楽で、特にＰファンクが大好き。著書は『P-FUNK』（河出書房新社）、『SOUL definitive 1956-2016』（Ｐヴァイン）、共著は『ヒップホップ人名辞典』（音楽之友社）、『ブラック・ミュージック入門』（河出書房新社）など。

プリンス――彼はいつから「政治的な黒人」になったのだろう

文＝三田格　by Itaru W. Mita

PRINCE (1958~2016)

ファンクやロック、あるいはソウルやシンセポップをミックスさせて時代の寵児となったプリンスは、70年代にクローズ・アップされた「性別」や「人種」といったアイデンティティ・ポリティクスからはどこか超然とし、自分の名前を捨ててシンボル・マークに変えてしまうほど音楽産業と対立するようなことになっても、あくまで個人で闘争を繰り広げているという印象を残すミュージシャンだった。どちらかというと〝Ronnie, Talk To Russia〟や〝Purple Rain〟など、プリンスの歌詞には世界の終わりを気にしたものが多く、「性別」や「人種」よりも「人類」という単位で発想したがる傾向が認められ（その割りには〝We Are The World〟には頑として参加を拒んだけれど）、教会に集まった「みんな」に話しかけるというイントロダクションが見事に功を奏した〝Let's Go Crazy〟のように「政治」ではなく「宗教」的な次元で人びとの動きを捉えるタイプだったと思う。それは彼が無名時代から通っていたセヴンデイズ・アドヴェンティスト教会の終末論に強く影響を受けていたからにほかならず、ついに世界の終わりが来てしまったと嘆く〝Sign "O" The Times〟が同教会の発行する機関誌の誌名と同じだということからも窺い知れる。

そんなプリンスが２０１５年に〝Baltimore〟をフリーダウンロードで発表した時はかなり驚かされた。歌詞には「マイケル・ブラウン」と「フレディ・グレイ」が登場する。前者はファーガソン事件の被害者。後者はその翌年にやはりボルティモアで警官に殺された黒人の青年で、プリンスがボルティモアでライヴをやる直前に事件が起きたため、同地では暴動が起き、プリンスはデモ隊を支持するためにリリースするとアナウンスしている。「その日はいい日になるはずだった」とプリンスは歌い出し、とても楽しい曲調にのって「もう、たくさんだ」「人びとが泣いたり、死んだりするのはうんざりだ」、そして何度も「正義がなければ平和はない」と繰り返した。ボルティモアでのコンサートはバンド形式をやめてプリンスがひとりでピアノを弾き、観客には犠牲者の名前にちなんでグレーの服を着てくるようにという指示も。〝Baltimore〟はプリンスのアルバムとしては再び大きな評価を得ることになった『HITNRUN』シリーズの「Phase Two」冒頭に収められ、その当時つくられて未公開だったヴィデオはジョージ・フロイド事件を受けて２０２０年に初めて公開された（https://www.youtube.com/watch?v=hMLI7LF84w&feature;=youtu.be）。これではお蔵入りするわなというほど政治的なヴィデオである。

Prince / Lovesexy / Paisley Park (88)

Prince / HITnRUN Phase One / NPG Records (15)

プリンスはしかし、いつから「政治的な黒人」になったのだろう。アフロヘアーにしたのは２０１２年で、これはブラックライヴスマターが叫ばれるきっかけとなったトレイヴォン・マーティン事件が起きた年と同じ。プリンスはインタヴューを受けず、自身の行動について何も語っていないために、周辺情報から考え合わせていくしかないのだけれど、事件の半年後に初めてアフロヘアーで人びとの前に現れていることを思うと、やはりブラックライヴスマターと結びつけて考えた方がしっくり来ることは確か。それまでプリンスはネイティヴの血が母親には混じっていたため、先住民族の価値観をちらっと伺わせることはあったけれど、黒人として発言することはなかったにもかかわらず、やはり最後はジェイムズ・ブラウンやスライ・ストーンの音楽に強く影響を受けたことが思想面にも及んだと見るべきなのか。『Black Album』を『Lovesexy』につくり変えられたようにいつも怒りを愛に昇華させていたプリンス。彼が亡くなったのは〝Baltimore〟をリリースした11ヶ月後だった。

いう、態度を示すためのものであった。

マルコムの功績は、ゲットーを植民地と捉えることで、そこにおける闘争を国際的な反植民地闘争とおなじ地平へと押し上げたことにある。その考えの背後には、アルジェリア独立運動で重要な役割を果たした精神科医**フランツ・ファノン**の影を読みとることができる。ワシントン行進と同じ63年に『**地に呪われたる者**』の英訳が刊行されていることは重要だろう（そして、リロイ・ジョーンズ／アミリ・バラカの『ブルース・ピープル』が刊行されたのもこの年である!）。マルコム自身は65年2月に暗殺されてしまうが、その思想は「マルコムＸの怒れる息子たち」を自称する運動体に引き継がれることになる。

ところで、この長く暑い夏を象徴するスローガンに「**ブラック・パワー**」というのがある。１９６６年の夏、活動家のジェイムズ・メレディスがデモ中に狙撃される事件が起こるが、ＳＮＣＣの議長だった**ストークリー・カーマイケル**が彼の意志を引き継ぎ、行進の継続を決定、そのためには自衛組織が必要だと主張する。その後の彼の演説における聴衆とのコール・アンド・レスポンスのなかから生まれてきたのがこの「ブラック・パワー」ということばである。

あくまで抽象的な概念にすぎなかったそのことばにひとつの指針を与えることになったのが、マルコムとファノンから大きな影響を受けた**ブラックパンサー党**（ＢＰＰ）だった。66年10月にカリフォルニア州オークランドで**ヒューイ・ニュートン**と**ボビー・シール**によって結成されたＢＰＰは、警察による暴力から黒人たちを守るための武装自衛組織としてはじまっている。「**すべての権力《パワー》を人民《ピープル》に**」というスローガンを掲げた彼らは、資本主義による収奪や**ポリス・ブルータリティ**の停止を求める10ヶ条を定め、エルドリッジ・クリーヴァー参加後は白人左翼との連携も深めていくが、はたしてレーガンが州知事に就任したことと関係があるのだろうか、ＦＢＩによる弾圧も加速し、67年にはニュートンが、翌68年にはシールが逮捕され、ほかのメンバーたちもどんどん殺害されていく。ちなみに同年にはＢＰＰへの白人側からの応答として、ジョン・シンクレアらによりホワイトパンサー党が結成されているが、**アンジェラ・デイヴィス**が関わっていたのもこの時期（68〜69）で、彼女が70年10月に逮捕されると全米で救援運動が巻き起こった。

ニュートンとシールの不在、クリーヴァーのキューバへの亡命を経て、残された党を担うことになったイレイン・ブラウンは、自警よりも食事や医療、教育のサーヴィスにＢＰＰの活動の軸を移し、以降は女性が中心となってコミュニティに根づいた活動をおこなっていく。

アフェニ・シャクールやムミア・アブ＝ジャマールなど、音楽ファンにとって馴染み深い人物が関わっていたことでも知られるＢＰＰだが、猛烈な弾圧を受けながら文字どおり命を賭けて彼らが探ろうとしていたのは、白人社会への統合である公民権運動とも素朴なブラック・ナショナリズムとも異なる方向性であり、それはゲットーのコミュニティにおける自治とも呼ぶべきものである。それはすなわち、アメリカという（そもそも奴隷制をもたらすことになった）「国家」の枠組みそのものからの離脱を模索する運動であったとも言えるだろう。

「冬の時代」とネオリベラリズムの猛威（70年代〜80年代）

1972年、スタックス・レコードがワッツを讃えるべく開催したコンサート「ワッツタックス」において、かつてシット・イン運動に参加し、その後SCLCに関わっていた公民権運動家の**ジェシー・ジャクソン**が演説、そこで引用された詩「I Am - Somebody」とともに一気に彼の名が広まっていく。

とはいえ、ギル・スコット＝ヘロン&ブライアン・ジャクソンの『Winter in America』（74）が表現しているように、70年代半ばにさしかかると、ロング・ホット・サマーの反動とも呼ぶべき「冬の時代」が訪れる。この時代は、多くの黒人が中産階級化した時期でもあった。「法と秩序」を掲げ、FBIに徹底的にBPPを弾圧させたニクソンがウォーターゲイト事件を受け辞任、それを擁護した後継のフォードを経て、1976年には民主党のカーターが黒人層の大きな支持を集めて大統領に当選する。にもかかわらず彼は黒人たちではなく大企業を優遇するための規制緩和政策や福祉の切り詰めを実施し、その後のレーガンによる**ネオリベラリズム**へと続く道を用意する。

巧妙に有色人種に不利かつ白人中産階級に有利になるような政策を実行していったレーガンは、圧倒的な支持を集めて84年に再選を果たすが（転向していた元BPPのクリーヴァーも彼の陣営に参加）、この84年と88年の選挙では民主党の大統領候補の指名争いにジェシー・ジャクソンが出馬し、大同団結のスローガン「**虹の連合**」を訴えることで多数の票を獲得することに成功してもいる。また89年にはヴァージニア州においてローレンス・ダグラス・ワイルダーが州知事に選出され、翌90年、史上初の黒人州知事が誕生することになった。

レーガンの政策においてとりわけ注目すべきなのは、「**麻薬との戦争**」だろう。ドラッグの蔓延を打開するとの名目でとりしまりが強化され、尋問や所持品検査など警官の権限が拡大、（有色人種にたいして差別的な）**レイシャル・プロファイリング**が横行することになり、これがもろに貧しい黒人たちを直撃、刑務所収監者数が急増していく。この方針は、新自由主義政策により金持ちと貧乏人、都市と郊外のあいだで格差が広がり、黒人間における分極化がより一層進展した90年代のクリントン政権においても引き継がれ、監獄人口は1970年から2006年のあいだに7倍にも膨れ上がった。その過程で監獄の民営化も進み、建設や誘致、囚人の使役などで収益を上げる**監産複合体**（prison industrial complex）が形成されていく。奴隷貿易から4〜500年が経ったいま、ふたたび監獄と、警察＝とりしまりと、そこから利潤を生み出す資本主義が黒人たちを食いものにしているのである。

こうした数々の歴史のうねりを経て２００８年、**オバマ**が選挙戦を勝ち抜き、翌２００９年、初の黒人大統領が誕生する（このときすでに公民権運動からは半世紀近くが経過していた）。彼は２０１２年にも再選を果たしているが、まさにその年、フロリダ州サンフォードにて17歳のトレイヴォン・マーティンが自警団員に射殺される事件が発生。それを機に「#BlackLivesMatter」のハッシュタグが登場し、パトリース・カラース、アリシア・ガーザ、オパール・トメティの３人のクイアの黒人女性によって、現在まで続く**ブラック・ライヴズ・マター**（ＢＬＭ）の運動が開始されることになる。けれども、２０１４年のミズーリ州**ファーガソン**におけるマイケル・ブラウンの射殺やＮＹでのエリック・ガーナーの絞殺を筆頭に、以降もポリス・ブルータリティは猛威をふるいつづけ、２０２０年５月26日にはジョージ・フロイドが白人警官によって殺害されている。

数え切れないほどの死者を出しながら、何百年もかけてたどりついたのがこのような結末ではどうにもやりきれない気持ちになってくるが、巨視的に過去を振り返りつつ、微視的に現在の状況を捉え返すことで、オルタナティヴな道筋が浮かび上がってくる可能性を信じたい。

ＬＡ蜂起からＢＬＭへ（90年代〜）

今日にも直結する出来事として重要なのは、１９９２年の**ＬＡ蜂起**だろう。きっかけはその前年、スピード違反の疑いで停車を命じられた青年**ロドニー・キング**が警官によって激しい暴力を受けたことにある。その様子はたまたま近くに居合わせた家族によって撮影されていたため、全米を震撼させる事件となったわけだが、問題はその映像が恣意的に解釈されてしまったことだ。暴行を受けているのはキング青年であるにもかかわらず、警官の弁護団は逆に警官のほうが攻撃されていると主張することで、見事４人の警官の無罪を勝ちとったのである（蜂起の決行が、無罪判決発表当日だったことに注意）。この事件は、長い歴史のなかで黒人のイメージが固定されてしまっていることをあらわにするとともに、暴力を行使される側がいともたやすく加害者として表象されてしまう悪質な顛倒の可能性を喚起してもいるわけで、それはカメラ付きのスマホが普及しＳＮＳが全盛をきわめる今日において、より一層切実に迫ってくる問題だろう。

＊

参考文献

荒このみ『マルコムＸ——人権への問い』岩波新書、２００９年。

ガブリエル・アンチオープ『ニグロ、ダンス、抵抗——17～19世紀カリブ海地域奴隷制史』石塚道子訳、人文書院、２００１年。

エリック・ウィリアムズ『資本主義と奴隷制——経済史から見た黒人奴隷制の発生と崩壊』山本伸監訳、明石書店、２００４年。

上杉忍『アメリカ南部黒人地帯への旅——黒人運動の源流をたずねて』新日本出版社、１９９３年。

上杉忍『アメリカ黒人の歴史——奴隷貿易からオバマ大統領まで』中公新書、２０１３年。

マルコムX『完訳　マルコムX自伝』上下、濱本武雄訳、中公文庫、２００２年。

ポール・ギルロイ『ブラック・アトランティック——近代性と二重意識』上野俊哉・毛利嘉孝・鈴木慎一郎訳、月曜社、２００６年。

マーチン・ルーサー・キング『黒人はなぜ待てないか』中島和子・古川博巳訳、みすず書房、１９６５年、新装復刊２０００年。

マーチン・ルーサー・キング『良心のトランペット』中島和子訳、みすず書房、１９６８年、新装復刊２０００年。

ロビン・D・G・ケリー『ゲットーを捏造する——アメリカにおける都市危機の表象』村田勝幸・阿部小涼訳、彩流社、２００７年。

上坂昇『キング牧師とマルコムX』講談社現代新書、１９９４年。

酒井隆史『暴力の哲学』河出文庫、２０１６年。

C・L・R・ジェームズ『ブラック・ジャコバン——トゥサン＝ルヴェルチュールとハイチ革命』青木芳夫監訳、大村書店、増補新版２００２年。

ジャン・ジュネ『公然たる敵』アルベール・ディシィ編、鵜飼哲・梅木達郎・根岸徹郎・岑村傑訳、月曜社、２０１１年。

リロイ・ジョーンズ（アミリ・バラカ）『ブルース・ピープル』飯野友幸訳、音楽之友社、２００４年。

ハワード・ジン『新装版　民衆のアメリカ史』上中下、猿谷要監修、油井大三郎訳、TBSブリタニカ、１９９３年。

アンジェラ・デイヴィス『監獄ビジネス——グローバリズムと産獄複合体』上杉忍訳、岩波書店、２００８年。

W・E・B・デュボイス『黒人のたましい』木島始・鮫島重俊・黄寅秀訳、未來社、１９６５年、新装復刊２００６年。

豊浦志朗『叛アメリカ史——隔離区からの風の証言』ちくま文庫、１９８９年。

ゾラ・ニール・ハーストン『騾馬とひと』中村輝子訳、平凡社ライブラリー、１９９７年。

ジュディス・バトラー「危険にさらされている／危険にさらす——図式的人種差別と白人のパラノイア」池田成一訳、『現代思想』、青土社、１９９７年10月号。

フィリップ・S・フォナー編『新装版　ブラックパンサー』小田実監訳、河出書房新社、１９９６年。

藤永康政「黒人ラディカリズムの「六八年」とブラックパワー」、『思想』、岩波書店、２０１８年5月号。

布留川正博『奴隷船の世界史』岩波新書、２０１９年。

クリスティーナ・ヘザートン「#BlackLivesMatter 運動とグローバルな廃絶に向けてのヴィジョンについて——パトリス・カラーズへのインタビュー」酒井隆史・市崎鈴夫訳、以文社（http://www.ibunsha.co.jp/contents/blacklivesmatter01/）、２０２０年6月9日。

本田創造『アメリカ黒人の歴史　新版』岩波新書、１９９１年。

カール・マルクス『マルクス・コレクション　VII——時局論（下）／芸術・文学論／手紙』村岡晋一・小須田健・吉田達・瀬嶋貞徳・今村仁司訳、筑摩書房、２００７年。

マーカス・レディカー『奴隷船の歴史』上野直子訳、みすず書房、２０１６年。

Lee Daniels' The Butler

ひとりの黒人男性の人生から見える現代米国史

リー・ダニエルズ監督『大統領の執事の涙』(2013)

文＝野田努 by Tsutomu Noda

ひとりの人間の人生に歴史が無関係であることはない。とくに社会的にか弱い立場の人間であればあるほど歴史に翻弄されるということは、911も311も経験し、ただいまコロナ渦にある我々にとっては納得のいく話だろう。『大統領の執事の涙』は1919年にヴァージニア州の農場で生まれたユージン・アレンという実在したひとりの黒人の人生を描いている。白人に強姦される母、白人に射殺される父という目を背けたくなるような幼少期を経て、白人のみのリゾートでウェイターとして働いた彼は、1952年からホワイトハウスで働き、それから長年にわたって大統領の執事を務めていた。アイゼンハウアー、ケネディ、ニクソン、フォード、カーター、レーガン……と歴代の大統領のもとで働き、そして最後にはオバマとも会う。また、その間の長い人生において、公民権運動があり、息子がブラックパンサー党に入党し、あるいはネルソン・マンデラ解放運動がある。本作は、オバマが大統領に就任した際に、ワシントン・ポスト紙に語ったユージン・アレンの人生譚をもとに、『プレシャス』のリー・ダニエルズが映画化したものである。

これまでアメリカの歴史を描くのはもっぱら白人だったが、『大統領の執事の涙』は黒人が描く歴史であり、そこに解釈を巡る賛否は当然のことあろう。パンサー党のドロドロした部分はこういうところでは排除される。しかし歴史を語るのはもはや必ずしも勝者ではない。この映画によって、オバマが大統領に就任したことが彼ら＝黒人にとっていかほどな事件であったかを思い知らされる。リー・ダニエルズは遊び心をもって歴代の大統領（やその夫人）に有名な俳優を使っているが、ぼくは主役を演じたフォレスト・ウィティカーに痺れる。かつて『ゴースト・ドッグ』で友だちもいない孤独な黒人というあの忘れがたき主役を演じたウィティカーは、差別にも激動の時代にも動じない仮面を作り、しかしその見せはしない本当の顔を見せることに成功している。

真に驚くべきこと

文＝平井玄　by Gen Hirai

（ひらい げん）非正規批評家。１９５２年新宿２丁目生まれ。早稲田大学文学部抹籍。１９８０年代には家業の洗濯屋をする傍ら山谷闘争を手伝う。出版界のフリーターとして働き、音楽や思想を論じてきた。著書に『路上のマテリアリズム』『破壊的音楽』『引き裂かれた声』『ミッキーマウスのプロレタリア宣言』『千のムジカ』『ぐにゃり東京』『彗星的思考』など。

ブラック・ミュージックはわが魂

その想いは変わらない。騒乱の最中でいきなり何者かに殴り倒される。身を翻して路地を走った。呻きながら血を吐き、それでも夜陰を振り返ると魂をリファインする声がする。本に埋もれたベンヤミンならブレヒト詩の一節か。在日なら金時鐘『新潟』の冒頭が閃くだろうか。

——目に映る通りを道と決めてはならない。

私には黒人たちのリズムとブルースが聞こえてくる。あるときはサム・クックの〝A Change Is Gonna Come〟。あるときはニーナ・シモンの〝Ain' Got No-I Got Life〟。その声に惹かれて目に見えない道を走る。いつの間にかそう生きてきた。

Now's the Time——今がその秋だ

チャーリー・パーカー１９５２年のバップブルースが再び鳴っている。５月25日にミネアポリス近郊で起きたジョージ・フロイドの扼殺。そこいたる長い前史と続く出来事の連鎖については別の論者が書いてくれるだろう。私が語れるのは、コロナ禍で凍結された地球の、その太平洋の対岸で受け止めた者が感じとったわずかなことである。

真に驚くべきこと。それは2日後の5月27日にはミネアポリス中心部で始まった「掠奪暴動」がほぼ2日間で止まったことだ。27日夕方にソーシャルメディアFox9で、現場近くのスーパーから商品を奪う人びとの映像が流れ、28日にはバーガー店や安売りチェーン、薬局にアウトレットまで30以上の店舗が襲われている（ABC7 LAより）。それはスパイク・リー『Do The Right Thing』のラストシーンのようにも見える。だが、なぜかここで停止したのである。

各地の抗議行動もポリスとの衝突も依然として続いている。警察の建物や車両にも次々と火が放たれる。当然の権利だ。さらに建国の父たちの銅像を次々と引き倒す。まるで『叛アメリカ史』（豊浦志朗）の到来を思わせる動きもますます伝播する。

私はアメリカの街頭を知らない。せいぜいB・サンダースをサポートするDSA（アメリカ民主社会主義者）に近いJacobinのサイトや、黒人左派のLeft of Black、デューク大学ブラック・スタディーズ学部などのTwitterやYouTube、さらにそこから飛ぶサイト。そして町山智浩の「アメリカの今を知るTV」（BS朝日）を眺めるくらいだ。それでも動画がアップされれば、たちまち地球を駆け巡る。繰り返そう。それでも掠奪暴動とされる映像をその日から一度も見ていない。

掠奪と暴動の構造が変わる

私は「非暴力主義者」ではない。むしろ「反暴力主義者」と言おう。「暴力」と「非暴力」を強引に定義し、境界線を引く力に抗おうとする者だ。掠奪を必要とする者たちは確実にいる。1960年代に続いた黒人ゲットーの大規模な暴動はlong hot summer「長く暑い夏」と呼ばれた。これは自分たちの街を軍事制圧する軍隊への抵抗というだけではない。人びとが自ら財を再配分する集団行動の一面を帯びた。掠奪有理。そうした境遇に生きる人びとは半世紀後の今もますます増えている。

しかし、ミネアポリスの黒人たちが侵入したのはニューヨークの五番街ではない。襲ったのは生活必需品を扱うスーパーの類いであり、国境を越えた低賃金工場のサプライチェーンによって安価な商品をロジスティクスし、さらに最低賃金の非正規ワーカーを雇用するロードサイド店ばかりだ。ミネアポリスの黒人街は１９６０年代の密集したスラム空間ではない。

「長く暑い夏」で標的とされたのは、ゲットーに通ってくる白人マイノリティの商店か、擡頭する黒人中産階級が経営する店だった。２０２０年に襲われたのはグローバル資本のフランチャイズ店である。１９８９年のリー作品で舞台になったブルックリンのゲットーでイタリア系が営むピザ屋とはまったく違う。そして最初のコロナ危機の真っただ中、路面に看板を掲げる実店舗はその存在価値が揺らいでいた。半世紀の時間は掠奪と暴動が沸き起こる空間を激変させたのである。

反暴力への誘い

走り出した暴動がいきなりストップする。これは自らの力を自らでコントロールする「反暴力」行動のように見える。１９６８年の暴動と２０２０年のそれは様相が大きく異なっている。ポリスの殺人に対してスナイパーの狙撃で対抗することが抑止されているだけではない。家族で車に乗ってスーパーに押しかけるのである。アンダークラスにとってキャッシュカードは負債地獄への一里塚。キャッシュレス時代の掠奪とはカードもスマホも使わない実力決済である。マルクスを転用してグレーバーに倣えば、いわば「本源的負債」に対して「あらかじめ借金を踏み倒す」行動なのである。

黒人たち自身の中から惑星的なモラルエコノミーが作動したとはいえないか。コロナ禍でギグワーカーが爆発的に増大する中で、ロードサイドの安売りチェーンを襲撃してどうなるんだ？　サプライチェーンの川上でも川下でも絞りとられるのはブラザーやシスターたちじゃないか。ショーウインドーを叩き割る者たちによる無意識の「寸止め」といってもいい。

ここにはどんな勢力の統制もない。マルコムXもキング師もパンサーたちもいない。カリスマや前衛党はもうどこにも存在していないのである。Black Lives Matterについて、提案者である黒人女性たちに聞いたインタビュアーはこう書いている。「この3人のクィアな黒人女性とともに、労働運動や移民の権利、そしてそれ以外の社会正義に関わる運動のベテランたちが、ひとつの運動の【インフラ】を形成し、その運動は国際的な広がりをみせた」（酒井隆史・市崎鈴夫訳、以文社サイトより）。

「インフラ」としての黒人運動というヴィジョンは示唆に富んでいる。GAFAはじめインフラ支配がターゲットにされる現在、そこから外れて生きるサパティスタ空間とはまた異なるヴィジョンが、アメリカ大陸で現勢化しているのである。といってBLMが暴動のストップを領導したわけではない。BLMを掲げる人びともマルコムXやブラックパンサー党へのオードを決して隠さないのだから。

路上のダンスと暴動は相反することはない。そう言っておこう。

次のテーマがここに浮かび上がる。軽快なビートに乗って黒人たちが次々と射殺されるチャイルディッシュ・ガンビーノ「This is America」は洗練された予示的アートだった。BLMの背後には、沙漠の獄舎に幽閉された膨大な黒人アンダークラスが踞《うずくま》っている。騒乱のゲットーはまるごと隔離されたのである（映画『13th　憲法修正13条』は必見！）。この事態にクィアなインフラはどう機能するのか。

書き改められる世界史の予感にざわめきながら、マカヤ・マクレイヴン『ユニヴァーサル・ビーイングス』を聴いている。ニューヨーク、シカゴ、ロンドン、ロサンゼルスと移動するその音にはたぎる熱が蓄えられている。これが「反暴力」への誘いのように聞こえてしかたがないのである。

暗喩としてのアングリー・ブラック・ウーマン

文＝押野素子　by Motoko Oshino Matthew

（おしの もとこ）翻訳家。東京生まれ。青山学院大学政治経済学部、ハワード大学ジャーナリズム学部卒業。ワシントンDC在住。訳書に『プリンス回顧録』、『プリンス録音術』、『マイケル・ジャクソン裁判』、『フライデー・ブラック』、『MARCH』、著書に『禁断の英語塾』、『今日から使えるヒップホップ用語集』など。

「アングリー・ブラック・ウーマン」という言葉をご存じだろうか。黒人女性は怒りっぽくて怖い、というイメージを表現したフレーズだ。でも、これは偏見。偏見どころか、悪質な嘘。アメリカ社会で、マイノリティが感情に任せて激高する贅沢など、与えられてはいないのだから。この国で就職し、私は身をもってこの事実を知った。

念のため断っておくけれど、私はブラック・ウーマンではない。東京都江東区で生まれ、千葉県松戸市（別名マッド・シティ）で育った日本人だ。自己主張の激しい子どもとして育った覚えはないし、日本で勤め人をやっていた時には、「押しの弱い押野」と言われていた。それでも、現在勤めているアメリカの職場では「アングリー・ウーマン」扱いされている。あのN.W.A.を輩出した「コンプトン」の出身、なんて揶揄されたこともある。どうして?
「フェアに扱ってほしい」と、白人のボスや同僚に対し、バカ正直に声を上げていたからだ。
私が勤めているのは、とても小さな会社。コンプライアンスに厳しい大企業とは、カルチャーが異なる。英語以外の言語を話す人もいなければ、外国人やマイノリティと交流がある人もいない。飛行機に乗ったことすらない同僚もいる。もちろん、あからさまな差別を受けてはいない。しかし、マイクロアグレッション(自覚なき差別)は存在している。先日は、ミーティング中、同僚がホワイトボードに「JAP」と書いていた。唖然として「床まで顎が落ちそうになった」。人事部なんて存在しないから、「これは差別?」と思うようなことがあっても、相談できる場所がない。社内の同僚に話しても、「気のせいだよ」で片づけられてしまう。「文化の違い」、「英語のミスコミュニケーション」と、外国人であるこちらのせいになることも多い。そして、「面倒くさい社員」ボックスに入れられてしまう。まさに四面楚歌。八方塞がりだ。

小さなことが重なり続けたある日、リーダー格の男性に内線をかけた。簡単な挨拶の後、私は努めて冷静な口調でこう言った。「少なくとも、私をフェアに扱う努力をしてほしい」。すると彼はしばらく黙った後、声を震わせながら、こう答えた。「この話をするのは非常に気分が悪いから、グッバイ」。ガチャ切り。通話時間、47秒。彼らに人種差別の話をするのは、とても難しい。なぜなら、話し合いにならないから。確かに彼らは悪人ではないし、良いところもたくさんある。そして、人種差別は白いフードを被った悪人がすることだと信じている。悪気があるわけではないので、彼らは自身の言動についてマイノリティから突っ込まれると狼狽し、責められていると感じてしまう。

後日知ったことだが、私はクビになりかけたらしい。理由は、「私が彼を脅し、彼が身の危険を感じたため」だという。ちなみにこれ、警官が黒人を撃った言い訳の定型文ともいえるフレーズだ。これまでのマイクロアグレッションを地蔵モードでスルーしてきたのに、こちらが声を上げた途端、一発退場？　相談に乗ってくれた友人の一人が、悪戯っぽくこう言った。「僕たち（黒人）の世界に、ようこそ」

ここでようやく気づいた。「アングリー・ブラック・ウーマン」とは、不平等な状況に疑問を唱えて公平な扱いを求める黒人女性を黙らせ、罰を与えるためにアメリカ社会が作り出したフレーズなのだと。アメリカ社会の中では「体が小さく、大人しくて御しやすい」とされているアジア人女性の私ですら、少しでも異を唱えれば、「脅威」認定されて排除されそうになる。友人の黒人女性にも連絡すると、「職場の差別系のネタはいくらでも話せるし、いつでも聞くからね！」と励まされた。

「黒人は、最後に雇われ、最初に解雇される」というジョークがあるが、小さな会社の場合、マイノリティ（特に黒人）が雇われるのがいかに難しいかも実感している。新たな人員を採用するという段になって、「ライト・フィット」という語を頻繁に耳にし、なんだか違和感を覚えた。その後、「ライト・フィット」とは、彼らと合う人、彼らと似ている人、つまり白人を意味する」というコメディアンのD.L.ヒューグリーによる一文を読み、違和感の理由が分かった。どうやら、同語や「チーム・プレイヤー」という言葉は、採用の際のコードとして使われるらしい。

考えてみると、「アングリー・ブラック・ウーマン」のステレオタイプなイメージを見るのは、演出過多なリアリティ番組か、喧嘩するティーンエイジャーの動画ぐらいだ。プロフェッショナルな現場で、黒人女性が泣いたり怒ったりしているところを私は見たことがない。一方、仕事の現場で白人女性がパニックになり、泣くところは一度ならず目にしてきた。現在、全米で所謂「カレン（特権意識の強い白人女性）」が大暴れして話題をさらっているが、「公の場で理不尽なまでに感情を解放する自由は、彼女たちの特権だよね」なんて、友人と話している。しかし、白人たちが享受してきたその特権も、「ブラック・ライヴズ・マター」運動の盛り上がりで、失われつつある。

度を越したヘイトをまき散らした先には、容赦なく解雇通知が待つようになったのだ。

「あちらが卑劣になった時、こちらは気高くいきましょう」と言ったのは、ミシェル・オバマ元大統領夫人だが、私が出会ってきたプロフェッショナルな黒人女性は、彼女のような落ち着きと強さを持っていた。7年前に「ブラック・ライヴズ・マター」をスタートしたのだって、三人の黒人女性だ。２０２０年の今日、このスローガンが全米はおろか世界にも広がっているのは、彼女たちが地道にインフラを作り、活動を続けてきたおかげである。怒りだけで活動は維持できない。頭脳と胆力が必要なのだ。

数年前、たまたま乗っていたメトロで拳銃を持っていた男が暴れ、大騒ぎになったことがある。その時も、車内で皆を一ヵ所にまとめ、場を仕切ったのは黒人女性だった。あの安定感と安心感たるや。おかげで、全員が無事に電車を降りることができた。感情的な「アングリー・ブラック・ウーマン」とは対極にある、クールでカームでコレクテッドな振る舞いだった。

なお、職場ではここのところ平穏が続いている（少なくとも表向きは）。私は「Choose your battles.（戦いを選べ＝無駄な戦いはするな）」という友人の助言を胸に、地蔵モードに磨きをかけている。黒人大学での経験と、現職場での経験とのギャップに心を乱されながら、ネタとして面白がっている自分もいたので、少し寂しい気がしているのは否めない。でも、退屈は平和の証。I'll enjoy it while it lasts（今のうちに楽しんでおくことにしよう）。

This essay was inspired by Dawn-Elissa Fischer. (Girl, this one is for you !!!)

Muhammad Ali (1942～2016)

モハメド・アリ

――スポーツ界のスーパースターにしてトリックスター

文＝松村正人 by Masato Matsumura

米国のボクシングはかつての宗主国英国からの輸入品だった。南部の農園主がローマのコロッセオさながら奴隷同士を戦わせる娯楽として19世紀にはじまったが、世紀末に近代ボクシングの初代チャンピオンの座に就いたジョン・L・サリヴァンはアイルランド移民の両親をもつ白人で、皮膚の色によるカラー・ラインを盾に黒人との対戦を拒みつづけた。白人王者には白人の対戦相手がいなくなりしだい引退するものまでいたという。尋常とも思えないが、公民権運動以前、人種隔離は白人の内面にタールのようにこびりついた常識だったのはたしかである。

20世紀初頭に活躍した最初の黒人王者、ジャック・ジョンソンは常識を引き剝がしにかかった異端者だった。無類の強さを誇るばかりか白人の妻を娶り、乱脈な女性関係を隠すこともなく高級車を乗りまわすジョンソンの不遜なヤバさにみずからを重ねるものは、トリビュート作を出したマイルス・デイヴィスはじめ、少なくない。カシアス・クレイことのちのモハメド・アリも、その挑発的な挙動の多くはジョンソンに負っていたと告白するが、アリはやがて彼特有の言語感覚と世界観を傲岸なふるまいに折り重ねることで、6フィート3インチの身体をスポーツと黒人運動史の結節点につくりかえていく。

ただアリのみに可能だったこのことはスポーツがきわめて同時代的な出来事であることに由来する。ペレやジーコ、マラドーナでもメッシでもロナウドでも、カリーム・アブドゥル＝ジャバーでもマイケル・ジョーダンでも、カール・ルイスでもベン・ジ

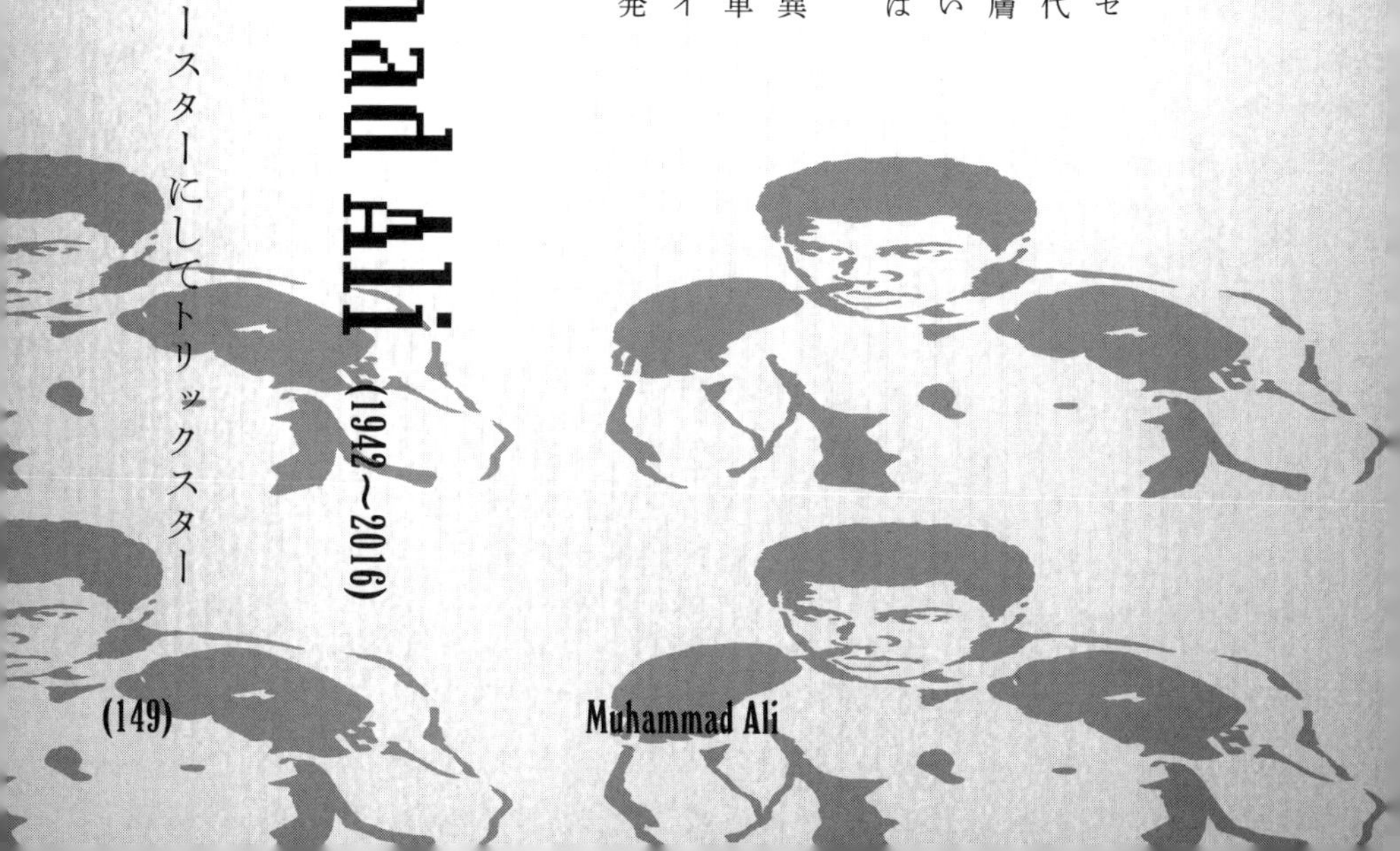

ヨンソンでも、ベーブ・ルースでもジャッキー・ロビンソンでも、巨人でも大鵬でも卵焼きはスポーツではないけれども、あなたの贔屓のチームでも、私の英雄である衣笠祥雄さんでも具志堅用高さんでも、同時代を熱狂させない選手が時代を超えることはありえない。あたかもフーコーのいう考古学の地層のように、（同）時代のひとびとの心を奪い身体の限界を記録するものとしてスポーツは時代を画す。逆にいえば、時代に縛られる。むろんそれらの地層は来るべき解釈と検証と発見につねにひらかれている。

モハメド・アリというボクサーが不世出なのは戦歴のみに由来するのではない。また逸話だけによるものでもない。それらをひっくるめた存在が発する問いが歴史の地層を切断するのである。問いとは言語であり意味である。政治的な含有成分も数え切れない。なんとなれば、ローマ五輪で金メダルを獲る前にネイション・オブ・イスラムに入れ込んでいた男である。ケンタッキー州ルイヴィルという深南部州ほど人種差別のひどくない出自でありながらマルコムXと行動をともにし、64年のソニー・リストン戦でヘヴィ級の王座につくやいなやイラスムへの改宗を公言し――ＮＯＩと折り合いがつかなくなっていた――マルコムと訣別する。翌年のリストンとの再戦およびパターソン戦での対立の図式は当時のアリが身体的にも政治的にもはりつめたテンションにあったことを示し、管見によれば、この時期こそ最盛期である。にもかかわらず、67年には良心的兵役拒否により3年半の追放の憂き目をみる。黒人である俺がなぜ褐色の肌のヴェトナム人に爆弾を浴びせかけねばならないのか――、アリのこの発言にはＮＯＩの影もあるが、とめどもなくなったブラックパワーの高まり、68年のメキシコ五輪の表彰式における国家への不敬、その対となるガーヴェイ主義の帰趨としてのアフリカへの帰還、さらには約束の地におけるみずからの不死鳥のごとき復活劇「キンサシャの奇跡」の布石とも呼び水ともいえるものだった。ただしアリの言説には重々しい責任もしゃちほこばった尊大さもない、リング上のステップにひとしい軽さと速さ、スポーツと政治の狭間にあってきわめて感覚的な身のこなしがあり、そのあまりにあざやかな多義性ゆえ、私たちはいまなお幻惑されてやまない。

GIL SCOTT-HERON

(1949~2011)

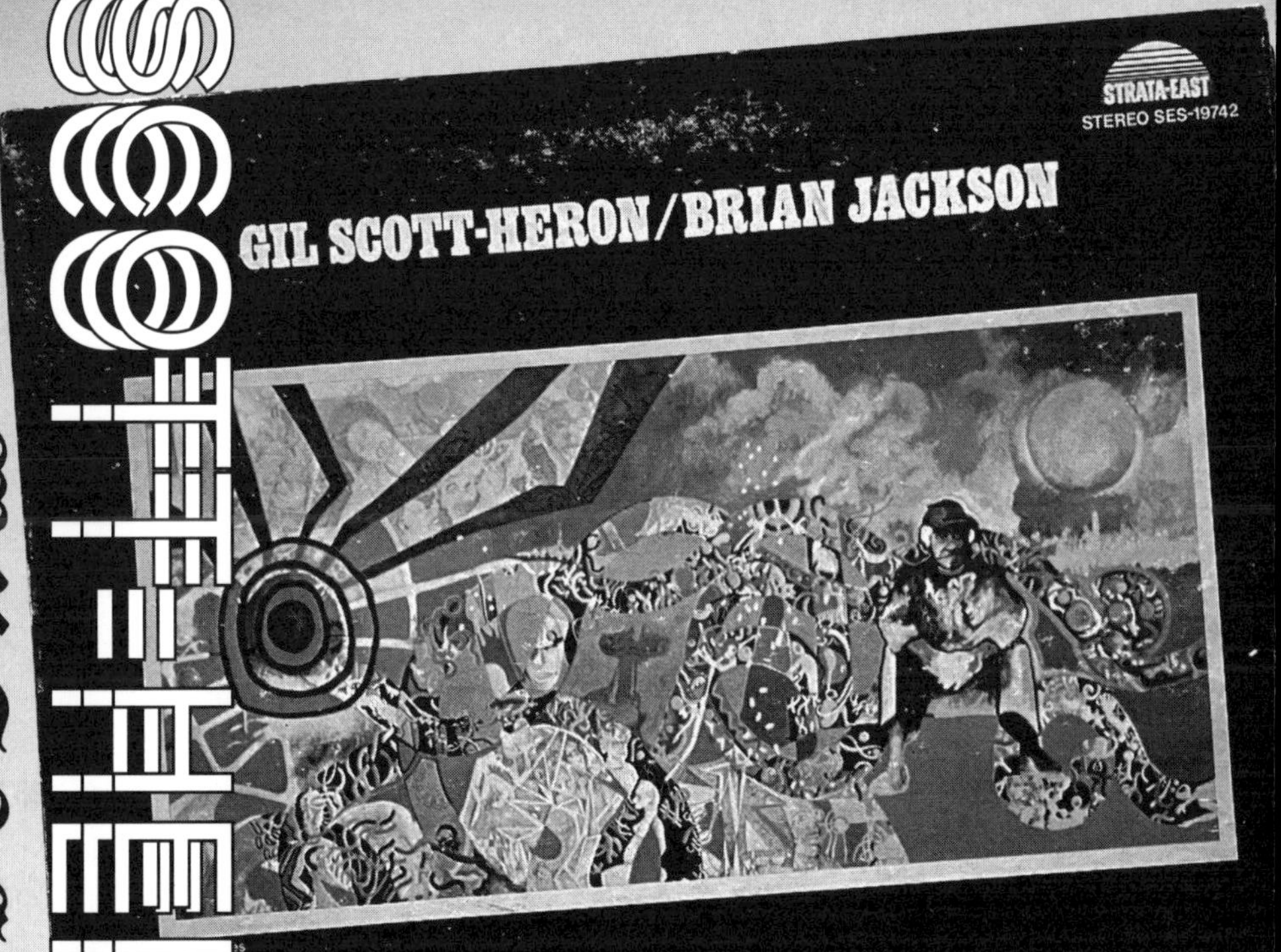

ギル・スコット＝ヘロン——黒いアメリカの本質をあらわすブルース学者

文＝ジェイムズ・ハッドフィールド　by James Hadfield
訳＝五井健太郎

人によっては彼が冗談好きのふざけた奴《マザーファッカー》だったことを忘れてしまっている。だがギル・スコット＝ヘロンの作品のなかに広がっているウィットは、彼の一番有名な曲のリフレインを聴けばすぐに分かることである。

もともとは1970年に録音されたその曲〝革命はTVに映らない〟《ザ・レヴォリューション・ウィル・ノット・ビー・テレヴァイズ》は、解放のための闘いをスポーツか何かのように扱うことができると考えている者たちに行動を呼びかけるものだった。そしてまたそれは、街頭に出かけるかわりに人をソファから動かさずにおく消費文化が蔓延している状況を、茶化しておちょくってみせるものでもあった。

そのなかでスコット＝ヘロンは、「革命は君を5ポンド細く見せたりしない」と忠告している。あるいはまたいわく、「革命とコーラは合わない」とも。彼はブラック・パワーの桂冠詩人だったが、自分のメッセージを膨らませるためにいったいどこでユーモアを使い、どこでそれを休ませるべきか知っていた。

「君の人生は『黒人は団結するべきだ』なんて台詞よりも豊かなものじゃなきゃいけない」。62歳で亡くなる前年の2010年に掲載された紹介記事のなかで彼は、聞き手である『ニューヨーカー』のアレック・ウィルキンソンにたいし、そんなふうに言っている。「君はそう望んでいるだろうけど、1日24時間ずっとそう思ってるわけじゃないだろ。楽しんでいないんだったら死んだほうがマシだ。そんなんじゃ無駄なプログラムをこなしてるだけだからな。すくなくとも私はそう思ってるよ」

1990年代のUKで育った私は、彼の音楽を聴く以前にその声を知っていた。ソフトドリンクのシュールなCMでキャッチフレーズの部分を担当していた彼は、その特徴的なバリトンの声で、「飲んだらわかるぜ、タンゴ」と言っていたのだ。声を聞くかぎりどうやら彼は、そのCMを楽しんでやっていたようだった。

だがにもかかわらず、後の世の人びとというのはおうおうにして物事をフェアには見ないも

Gil Scott-Heron　Brian Jackson　Bob Adams　Danny Bowens

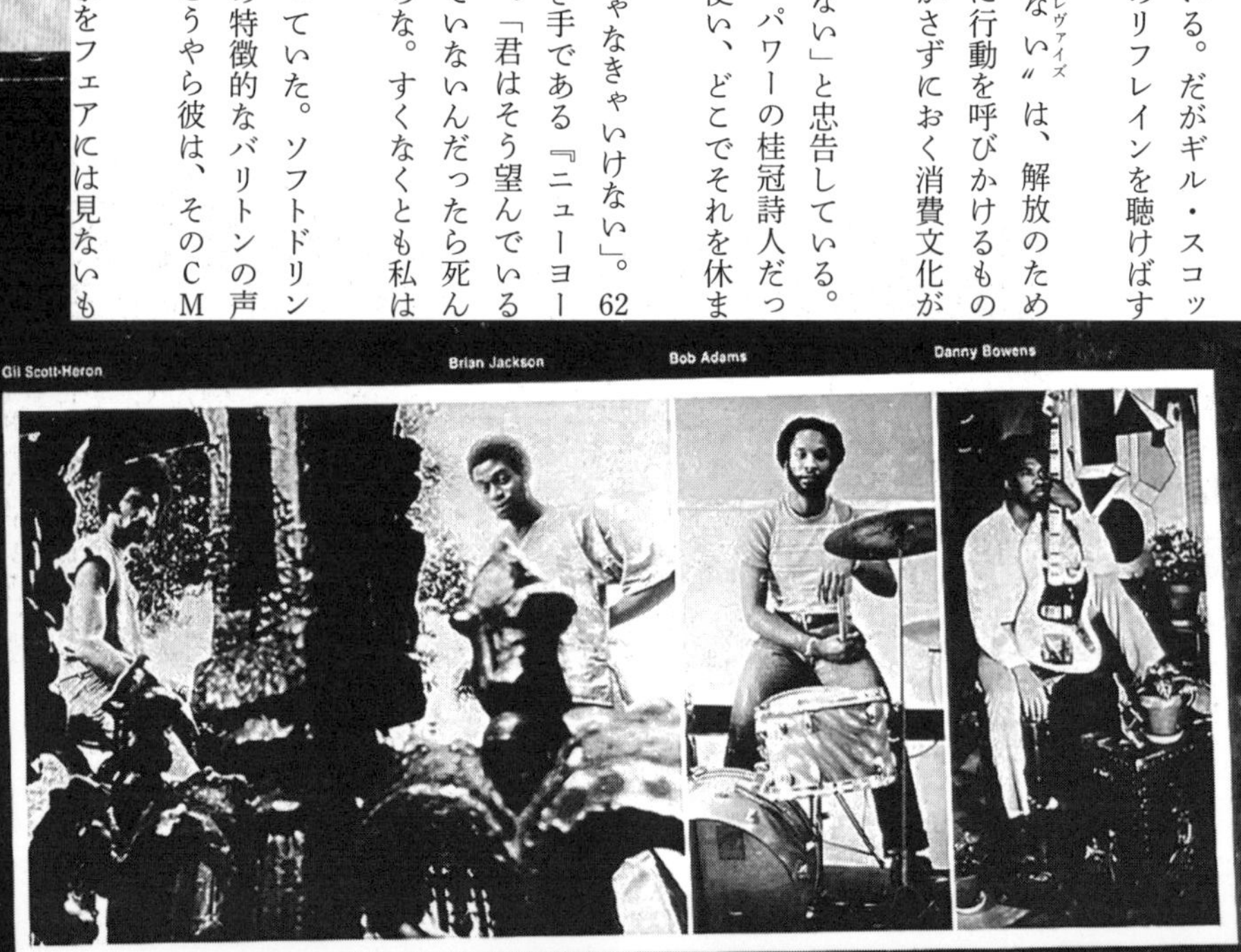

SIDE ONE

1. Peace Go With You, Brother 5:27
As-Salaam-Alaikum
(Scott-Heron B Jackson)

2. Rivers of My Fathers 8:19
(Scott-Heron B Jackson)

3. A Very Precious Time 5:17

SIDE TWO

1. The Bottle 5:14
(Scott-Heron)

2. Song For Bobby Smith 4:38
(Scott-Heron)

3. Your Daddy Loves You 3:25
(Scott-Heron)

Gil Scott-Heron, Electric piano vocals
Brian Jackson, Electric piano acoustic piano vocals
Danny Bowens, fender bass
Bob Adams, traps

All compositions published by Brouhaha Music Inc. (ASCAP)
Recorded on September 4, 5 and October 15, 1973
at D&B Sound, Silver Springs, Maryland

Produced by Perpis-Fall Music, Inc.
Engineer, Jose Williams

Special thanx to Dah Henderson (manager) and Jose Williams for production assistance that helped the album to be completed.

To contact Gil Scott-Heron and Brian Jackson for concert engagements please write or call: Charisma Productions 1726 7th Street N.W., Washington, D.C., (202) 462-7994

のだ。スコット＝ヘロンの場合、彼はその代表曲のタイトルと、「ラップのゴッドファーザー」という、彼がまったく望んでいなかった異名に還元されてしまうことになった。

たしかに、言葉と音楽を混ぜあわせた彼の画期性はヒップホップの先駆といえるものであり、パブリック・エネミーのような政治参加をおこなうグループに直接的な影響を与えるものだった。だがとはいえ、彼のことを発展途上のMCと見なすのだとしたら、それは誤解と言うものだ。自分自身の目からすれば彼は、一人の「ブルース学者」であり、南部のブルースの伝統や、ラングストン・ヒューズのような黒人文学の代表者たちに連なるものだったのである。

スコット＝ヘロンにとってブルースは黒いアメリカの本質であり、初の奴隷船が着港して以来いまにいたるまで語られつづけている、現在進行形の物語だった。1976年の『イッツ・ユア・ワールド』に収録された〝バイセンテニアル・ブルース〟のライヴ録音のなかで彼は、独立宣言以来のいわゆる進歩の200年間に懐疑のまなざしを投げかけながら、次のようなリフを繰りひろげている。「ブルースは成長している。だがこの国は違う／ブルースはこの国が忘れたことのすべてを覚えている」

スコット＝ヘロンが声にした不満がいまだに解決されてはおらず、多くの同じ戦いがひきつづき戦われていることを考えるなら、そうした彼の言葉はいまも、ブラック・ライヴス・マターのなかに反響しているのだといえる。ソーシャル・メディア上でジョージ・フロイドのための抗議を追っていると、南アフリカにおける反アパルトヘイト運動を歌った彼の1975年の曲〝ヨハネスバーグ〟が思いだされる。「血が流れだすのを見るのは悲しい／だけど抵抗が発展していくのを見るのは嬉しいことだ」

同様にまた、（1971年の『フリー・ウィル』収録の）〝ノー・ノック〟を聴いていると、今年のはじめにケンタッキー州ルイスヴィルで警官による八発の銃弾によって殺されたブリオナ・テイラー（Breonna Taylor）のことを考えずにはいられない（訳注：「ノー・ノック」とは、ノックなしで住居に入れる捜査令状のこと。ブリオナは、この令状をもった警官によって家宅捜索を受けたさいのトラブルがもとで殺さ

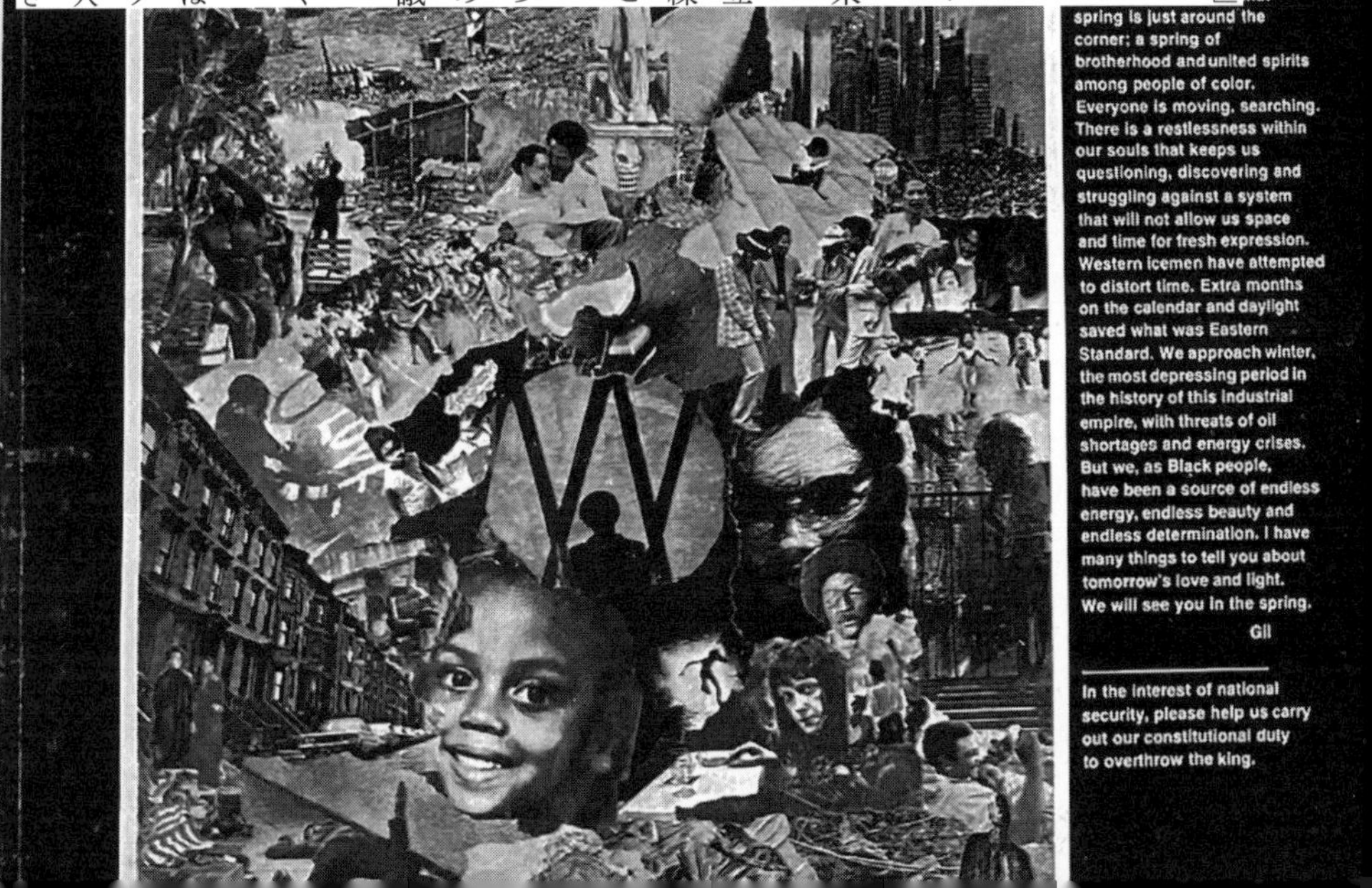

れている）。

スコット＝ヘロンは、公民権運動の時代を駆りたてた革命的熱狂と、それにつづいた1970年代以降の幻滅を、同時に伝える存在だった。マーティン・ルーサー・キング、マルコムX、フレッド・ハンプトン（訳注：Fred Hampton：パンサーの指導者の一人）は当時すでに亡くなっている。ブラック・パンサーのメンバーの多くは、獄中にいるか、国外に逃亡していた。

1975年の『ザ・ファースト・ミニット・オブ・ア・ニュー・デイ』に収録された〝ウィンター・イン・アメリカ〟のなかで彼は、「癒す者《ヒーラー》たちはみんな殺されたか、さもなくば裏切られてしまった」と歌っている。「だからもう誰も戦っちゃいない。なぜなら何を救えばいいのか、もう誰も知らないからだ」

だがその政治的な主張の激しさにもかかわらず、彼のもっとも力強い曲のいくつかは、〝ピーシーズ・オブ・ア・マン〟におけるクビになり絶望に打ちひしがれた男や（「俺はあいつがめちゃくちゃになるのを見た／いつもはあんなにいいやつだったのに」）、〝ザ・ボトル〟におけるアル中たち（「あいつは自分の女房の結婚指輪まで／ほとんど全部を質に入れた／たったひと瓶の酒のために」）のように、自身の身の周りの人間たちの生活を記録したものだった。

そういった曲のなかで、依存がもたらす荒廃が稀に見るようなあきらかさで描きだされていたことを考えると、自分が警告していたのと同じ悪魔によって彼が倒れたことの皮肉さは、どうしようもなく高まった。一九七八年の〝エンジェル・ダスト〟のなかで彼は、「行き止まりの道を下っていく、後戻りはできない」と打ちあけている。ドラッグの危険性を歌うこの曲はマイナー・ヒットとなると同時に、彼自身が向かっていく先を予言するものになってしまった。

録音作品上のスコット＝ヘロンのキャリアは、実質的に一九八二年の『ムーヴィング・ターゲット』で終わっている。彼の人生の最後の十年は、刑務所を行ったり来たりするもので、最初はドラッグの所持、そして司法取引違反の罪がつづいた。

だが2010年、XLレコーディングの代表であるリチャード・ラッセルのプロデュースによる16年ぶりのアルバム『アイム・ニュー・ヒア』とともに、彼は戻ってきた。そこで聞かれる荒涼としたエレクトロニックな音には、『ニューヨーカー』の紹介記事のなかに漂っていたのと同じ墓場のような陰鬱さがあった。この記事は、スコット＝ヘロンを、かかってくる電話を無視して家のなかに引きこもり、クラックを吸う幽霊のような世捨て人として描くものだった。

批評家たちから賞賛を受けたにもかかわらず、このアルバムは陰鬱な墓碑銘と言うべき作品だった――そしてだからこそ、ここ最近になってその作品が新たな生を獲得したことは、よりいっそうの驚きとともに歓迎されることになった。ドラマーでプロデューサーのマカヤ・マクレイヴン（Makaya McCraven）によって「再想像」された『ウィー・アー・ニュー・アゲイン』は、同作におけるスコット＝ヘロンのヴォーカルを、１９７０年代の彼のアルバムのなかにあったソウルフルなジャズのなかに位置づけなおし、その過程で、同作のなかにあった暖かさやユーモアの瞬間を見つけだしている。

その声には、尽きることのない潜在力があることが証明されたわけである。スコット＝ヘロンが語るたびにいまも、新たな可能性が開かれ、革命はいまだ生きているのだと感じられるのだ。

30 CONSCIOUS HIP HOP ALBUMS

BLMとリンクする
ヒップホップ30枚

選・文=大前至　by Kiwamu Omae

もともとはパーティを盛り上げるためのツールとして生まれた「ラップ」が、社会メッセージを担う存在となったのは、82年にリリースされたグランドマスター・フラッシュ＆ザ・フューリアス・ファイヴ〝The Message〟からだと言われている。80年後半にはパブリック・エナミーやブギー・ダウン・プロダクションズ（＝ＫＲＳワン）といったアーティストたちがより過激なメッセージをリリックに乗せて、社会を変革するべく行動を起こし、現在に続く「コンシャス（＝意識の高い）ラップ」の土台は完成した。以降、社会情勢の変化によって、様々なトピックがラップの題材となってきたわけだが、ブラック・カルチャーをひとつの大きな基盤として持つヒップホップの世界において、人種差別はつねに最重要のテーマであった。２０１２年のトレイボン・マーティン事件を機に始まったＢＬＭムーヴメントであるが、今年5月に起きたジョージ・フロイド事件によってその炎はさらに大きなものとなり、ヒップホップ・コミュニティも大きく動き出した。沈黙することは差別への加担を意味し、数多くのアーティストが楽曲によって自らの態度を表明している。本稿ではアルバムを中心に作品紹介を行なっているが、たったいま何が起きているかを知るためにも、数多くリリースされているシングル曲もぜひチェックして、彼らの声に耳を傾けて欲しい。

（おおまえ　きわむ）１９７１年生まれ横浜育ち。１９９６年より音楽ライターとしての活動をスタートし、ヒップホップ専門誌『blast』（旧『FRONT』）を中心に国内外のヒップホップに関する記事を執筆。２００３年より約13年間、ロサンゼルスを拠点に音楽、ファッション、アートなど様々な分野の記事を手がけ、現在は東京にて活動中。

1

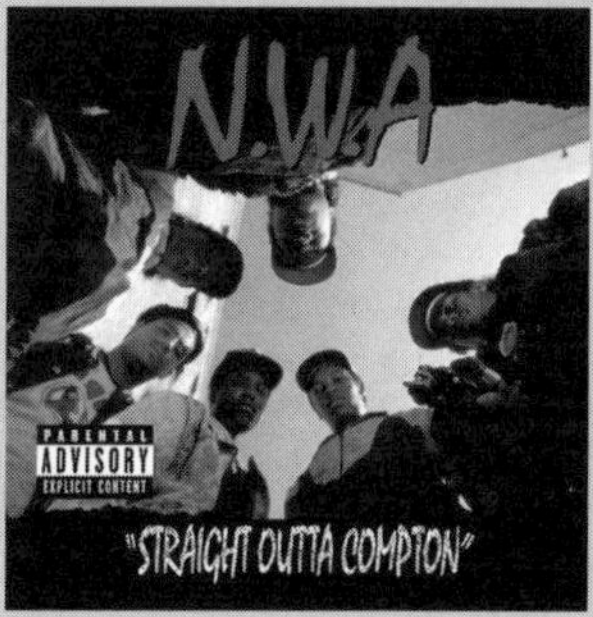

N.W.A.
Straight Outta Compton

Ruthless / Priority
1988

ギャングスタ・ラップを全米へと知らしめた歴史的なアルバム。なかでも警察への怒りをストレートに表現した“Fuck The Police”は、当時、その過激なメッセージによってFBIからも目をつけられた。のちにJ・ディラの同名曲やYG“FTP”へと継承され、現在もBLMムーヴメントを象徴するプロテスト・ソングになっている。

2

Boogie Down Productions
Ghetto Music: The Blueprint of Hip Hop

Jive / RCA
1989

ヒップホップ発祥の地であるサウスブロンクスから生まれたKRSワン率いるBDPのサード・アルバム。シングルカットもされた“You Must Learn”に代表されるように、同胞である黒人に対して知識を得ることの大切さを唄い、団結を呼びかけるKRSワンの一貫したメッセージは、次作『Edutainment』にも引き継がれている。

3

Public Enemy
Fear of a Black Planet

Def Jam / Columbia
1990

政治色の強い過激なアジテーションを最先端のサウンドに乗せて大成功を収めたPEのサード・アルバムである本作には、映画『ドゥ・ザ・ライト・シング』のテーマ曲として作られた“Fight The Power”を収録。白人にとってのヒーローであるエルヴィス・プレスリーやジョン・ウェインを差別主義者と断ずる一節が実に強烈かつ痛快だ。

4

X-Clan
To the East, Blackwards

4th & B'way / Island
1990

アフロセントリズム（＝アフリカ中心／至上主義）に影響を受けたアーティストが90年前後に多数出現したが、なかでもその思想を最も色濃く反映したグループがXクランだ。強すぎる個性ゆえに万人向けとは言い難いが、人種差別に対しても深く切り込みながら“Raise The Flag”など、音楽性の高い曲を多数生み出している。

5

Ice Cube
AmeriKKKa's Most Wanted

Priority
1990

N.W.A.の頭脳であったアイス・キューブがグループを脱退した後に発表したソロ・デビュー作。アルバム・タイトルからも反人種差別への強い思いが伺えるが、PEのチャックDと共に黒人の若者達へ警告を放つ“Endangered Species (Tales from the Darkside)”を筆頭に、ソロになったことで彼のメッセージはより強さを増す。

6/

Intelligent Hoodlum
Intelligent Hoodlum

A&M
1990

マルコムXも所属していたことで知られるネイション・オブ・イスラムに籍を置く、インテリジェント・フッドラム（のちのトラジェディ・カダフィ）のデビュー作。ジェームス・ブラウンの黒人賛歌“Say It Loud - I'm Black and I'm Proud”をサンプリングし、JBのメッセージをも継承した“Black and Proud”は必聴だ。

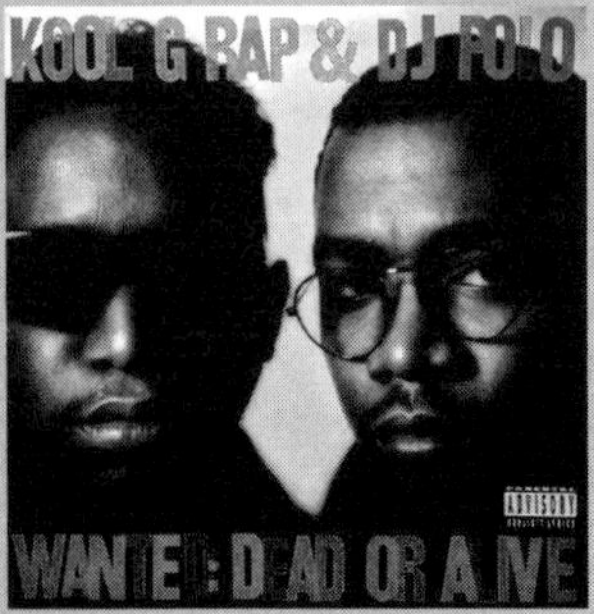

7/

Kool G Rap & DJ Polo
Wanted: Dead Or Alive

Cold Chillin' / Warner Bros
1990

89年、ブルックリンにて起きた16歳の黒人少年が白人の集団に襲われ、銃殺されるというという痛ましい事件を受けて作られた“Erase Racism”を収録する本作。日本でも人気の高いビッグ・ダディ・ケイン、ビズ・マーキーをゲストに迎え、ラップ巧者である彼らの人種差別撲滅への真摯な願いが、心に強く響いてくる。

8/

Brand Nubian
One for All

Elektra
1990

リーダーのグランド・プーバを筆頭に、MC全員がイスラム教から派生したファイヴ・パーセント・ネーションに属するブランド・ヌビアン。ファイヴ・パーセンターとしての教えをリリックに盛り込みながら、遊び心あるテーマも絶妙なバランスで織り交ぜ、コンシャス・ラップの新たなフォーマットを本作によって生み出した。

9/

Paris
The Devil Made Me Do It

Tommy Boy / Warner Bros
1990

ネイション・オブ・イスラムの一員であり、さらにブラックパンサーからも強い影響を受けたサンフランシスコ出身のラッパー、パリスのデビュー作。音楽的にもパブリック・エナミーから続くポリティカル・ヒップホップの流れにあるが、メッセージの過激さはPE以上で、次アルバム収録の“Bush Killa”がのちに物議を呼ぶ。

10/

2Pac
Strictly 4 My N.I.G.G.A.Z...

Interscope
1993

25歳という若さで亡くなった伝説的なラッパー、トゥパック。ギャングスタ・ラッパーであると同時に、黒人としての高い意識を持つ彼のスタンスは、現在のBLMムーヴメントとも強くリンクする。本作収録の“Keep Ya Head Up”はそんな彼の代表曲のひとつで、黒人女性に向けたポジティヴなメッセージが溢れている。

11/

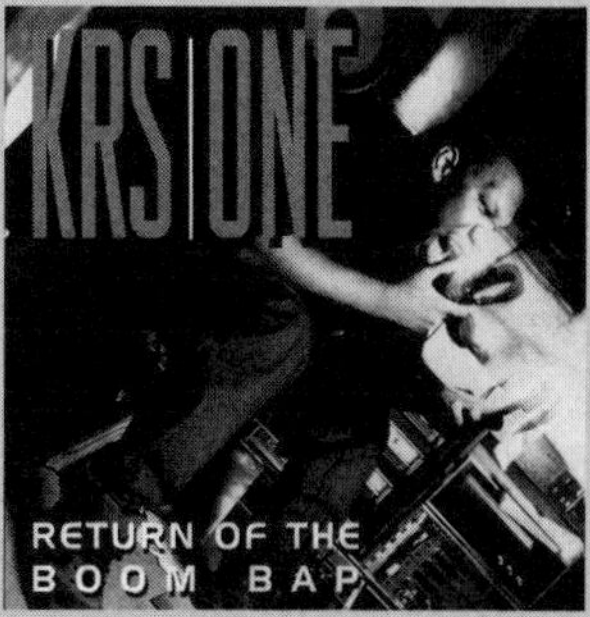

KRS-One
Return of the Boom Bap

Jive / RCA
1993

BDPからソロへとシフトしたKRSワンが、このアルバムによって自らの攻撃性をさらに高めたのは、前年に起きたLA暴動（及びロドニー・キング事件）が強く関係している。警察による不当な暴力行為を批判する“Sound of da Police”は本作を象徴する一曲であり、さらに“Black Cop”では黒人警察官も強く糾弾する。

12/

Black Star
Mos Def & Talib Kweli Are Black Star

Rawkus
1998

20世紀前半に活躍した黒人指導者、マーカス・ガーヴェイが設立した海運会社の名前をグループ名に掲げ、ブラック・カルチャーに対する高い誇りと深い知性を掛け合わせた最強のヒップホップ・デュオによるクラシック・アルバム。アメリカ社会だけでなく、ヒップホップ・シーンに対しても痛烈かつコンシャスなメッセージを放つ。

13/

Mos Def
Black on Both Sides

Rawkus
1999

ブラック・スターでの成功を経て、ソロ活動に軸を置いたモス・デフが、自らのコンシャスな姿勢をさらに極め、音楽的にも表現の幅を広げた一作。Qティップをフィーチャした“Mr. Nigga”では、社会的に成功者とされている人物であっても黒人というだけで差別を受けるという悲しい現状を、実にスタイリッシュに描いている。

14/

dead prez
Let's Get Free

Loud
2000

銃を掲げた群衆を描いたジャケットが物語るように、戦闘的かつコンシャスな姿勢が「パブリック・エナミーの再来」とも評される、デッド・プレズの1stアルバム。“Police State”では、アメリカという「警察国家」による黒人への差別に対する怒りをストレートに表現し、彼らの代表曲“Hip Hop”では音楽業界にも牙を剥く。

15/

Jurassic 5
Power in Numbers

Interscope
2002

オールドスクール・ヒップホップをモダンにアップデートした、独自のスタイルを確立しながら、ポジティヴな社会派メッセージを常に放ち続けてきたジュラシック5。シングル曲でもある“Freedom”では、黒人が虐げられてきた歴史を振り返りながら、不条理な社会システムから奪われた「自由」を取り戻すべく人々を鼓舞する。

16/

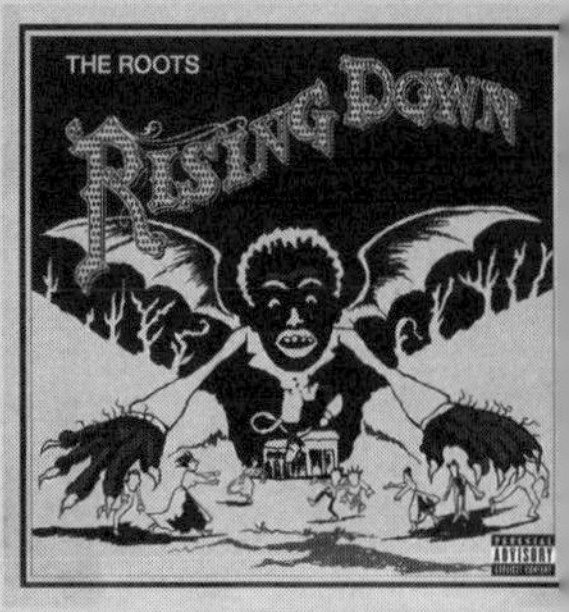

The Roots
Rising Down

Def Jam
2008

唯一無二のヒップホップ・バンドであるザ・ルーツの通算８枚目のアルバムであり、彼らのキャリアの中でも最もダークな空気感が充満する本作。ブッシュ政権末期、政府に対するアメリカ国民の不満が爆発していた時期でもあり、Ｎワードが連発する“75 Bars”など、彼らの激しい怒りの感情がサウンドとリリックに溢れている。

17/

Kendrick Lamar
To Pimp A Butterfly

Top Dawg / Aftermath / Interscope
2015

N.W.A.と同じコンプトン出身で、現在のUSシーンを代表する社会派ラッパーであるケンドリック・ラマーの最高傑作。LAジャズ・シーンも巻き込んだ高い音楽性と共に、制度的人種差別によって蝕まれたアメリカ社会を批判しながら、BLMムーヴメントを象徴する一曲“Alright”では人々が強く前へ進むための力を与える。

18/

Vic Mensa
There's Alot Going On

2016
Roc Nation / Def Jam

本稿の作品の中で本作のみEPであるが、2014年にシカゴで起きた、警察官が17歳の黒人少年を射殺した事件をモチーフにして作られた“16 Shots”は、今回必須で取り上げるべき一曲だ。車載カメラに映った事件の映像を使用したPVもかなり衝撃的で、怒りと悲しみに満ちたヴィック・メンスのラップが深く胸に刺さる。

19/

Common
Black America Again

ARTium / Def Jam
2016

ドナルド・トランプのスローガン「Make America Great Again」に真っ向から対抗するタイトルが示すように、90年代から活躍するベテラン・ラッパーのコモンが、右傾化していくアメリカで再び広がる人種差別への憤りや社会システムの破滅への警鐘を鳴らす。トレイボン・マーティンの名前も登場するタイトル曲は必聴。

20/

J. Cole
4 Your Eyez Only

Dreamville / Roc Nation / Interscope
2016

BLMムーヴメントに関連したノーネームとの論争でファンの信頼を失墜させたＪ・コールであるが、それでも彼の過去作の価値が下がることはない。近隣住民からドラッグ売買を疑われた末にSWATに突入されるという、彼の身に起きた実際の事件をもとに作られた“Neighbors”は、人種差別が生む深い闇を物語っている。

21/

Oddisee
The Iceberg

Mellow Music
2017

00年前後のアンダーグラウンド・ヒップホップの流れを現代へ継承するレーベル、メロウ・ミュージックに所属するオディシー。決して声高にコンシャスなメッセージを放つタイプのアーティストではないが、幼馴染であった者同士が人種や宗教の違いによって異なる道を進む"You Grew Up"のストーリーは実に悲しく響く。

22/

Joey Bada$$
ALL-AMERIKKKAN
BADA$$

Pro Era / Cinematic
2017

「KKK」の文字がタイトルにあることから分かるように、ジョーイ・バッドアスが22歳という若さでリリースした本作のターゲットは、ドナルド・トランプ及び彼の支持層でもある白人至上主義者たちだ。シングル曲"Land of the Free"では、トランプやいまのアメリカ社会への批判を展開しながら、同胞へ意識の変革を求める。

23/

Logic
Everybody

Visionary / Def Jam
2017

黒人の父と白人の母を持つロジックが、人とは異なる形で差別を受けて育ったことは想像に難くないが、そんな彼の人生も反映したプロテスト・ソングが本作収録の"America"だ。チャック・Dやザ・ルーツのブラック・ソートと共に人種や政治問題について鋭く切り込み、さらにトランプ支持者であるカニエへの批判も展開する。

24/

Vince Staples
Big Fish Theory

Blacksmith / Def Jam
2017

タイトルが意味する「魚は水槽に合わせた大きさまでしか成長しない」という理論は、人種差別によって制約を与えられたいまのアメリカ社会とも繋がる。ヴィンス・ステイプルズはその枠を破るためのメッセージを、エレクトロ／テクノ色の強いビートに乗せて放ち、シングル曲"BagBak"では政治の世界での黒人の活躍を訴える。

25/

Jay-Z
4:44

Roc Nation
2017

ヒップホップ・シーンのみならず、アメリカ社会全体へも強い発信力を持つジェイ・Zが自らのパーソナルな部分を露わにする一方で、人種差別にも向き合った通算13作目のアルバム。ニーナ・シモン"Four Women"をサンプリングした"The Story of O.J."では、黒人が本当の自由を得るための術を彼ならではの視点で説く。

26/

Rapsody
Laila's Wisdom

Jamla / Roc Nation
2017

ベテラン・プロデューサーの9thワンダーに見出され、いまのヒップホップ・シーンを代表する社会派ラッパーのひとりとして高く評価されるラプソディ。グラミー賞にもノミネートされた本作だが、ケンドリック・ラマーもゲスト参加した“Power”は、女性としての視線も交えながら、強い精神力を感じさせる一曲に仕上がっている。

27/

Eminem
Revival

Aftermath / Interscope / Shady
2017

白人ラッパーとして最も成功した存在であるエミネムもまた、人種差別を含むアメリカの社会問題に対して強くメッセージを放ち続けるひとり。白人警察官に対して「お前らは無敵だ」と言いながらも強烈に怒りをぶつける“Untouchable”や、徹底的にトランプ批判を展開する“Like Home”など、口撃力の高さはやはり別格だ。

28/

Nas
Nasir

Mass Appeal / Def Jam
2018

ヒップホップ史上、最も偉大なMCのひとりに数え上げられるナズの通算12枚目のアルバム。カニエ・ウェストが総合プロデュースを手がけ、ナズのリリシストとしての評価が再び高まった本作だが、なかでもカニエがラップでも参加した、警察の暴力への強い抗議を示す“Cops Shot The Kid”は、会心の一撃と言える一曲だ。

29/

Noname
Room 25

Self-released
2018

BLMムーヴメントの中で、チャンス・ザ・ラッパーらと共に若い世代を代表するオピニオンリーダー的存在となっているノーネーム。アコースティックなサウンドにラップとポエトリーを巧みにミックスしたオーガニックなスタイルを保ちながら、一曲目の“Self”から人種差別や女性蔑視に対して鋭い眼差しで切り込んでいく。

30/

Run The Jewels
RTJ4

Jewel Runners / BMG
2020

活動家としても知られるキラー・マイクと元カンパニー・フロウのエル・Pによるラン・ザ・ジュエルズが、BLMムーヴメントが過熱化する中、今年6月に発表した最新作。いま、まさに起こっている人種差別問題へ人々がどう立ち向かうべきかを示唆する“Walking in The Snow”など、辛辣な政治的メッセージが充満している。

Do The Right Thing

30年前から何も変わっていない
『ドゥ・ザ・ライト・シング』ほか、いま観るべき３本の映画

文＝大前至　by Kiwamu Omae

「Black Lives Matter」運動の盛り上がりのなか、アメリカにおける人種差別を取り巻く複雑な状況を理解するための教材として、過去の様々な映画作品に改めてスポットが当てられている。ドラマからドキュメンタリーも含めて、人種差別をテーマにした作品は数多く存在しているが、80年代からヒップホップ・カルチャーの虜になっていた筆者のような人が真っ先に思いつくのが、スパイク・リーが監督、製作、脚本、さらに主演まで務めた『ドゥ・ザ・ライト・シング』だろう。

　80年代後半のUSヒップホップ・シーンを象徴する存在であり、日本でも非常に人気の高かったグループ、パブリック・エナミーが、当時まだ新進気鋭の映画監督であったスパイク・リーの新作映画のために楽曲を制作したというニュースは、瞬く間に日本の音楽ファンの間にも広まった。アメリカでの『ドゥ・ザ・ライト・シング』公開のタイミング、89年夏にリリースされた〝Fight The Power〟の「権力と闘え」というストレートなメッセージと、チャック・Dとフレイヴァー・フレイヴの絶妙なコンビネーションによるラップの格好良さに打ちのめされた、さらにス

パイク・リーが監督した同曲のプロモーション・ビデオも話題となり、翌年の日本での『ドゥ・ザ・ライト・シング』の公開時には多くのヒップホップ・ファンが映画館へと足を運んだ。

ブルックリンのベッドスタイ（Bed-Stuy）と呼ばれるエリアを舞台に、イタリア系アメリカ人の親子が経営するピザ屋を軸にストーリーを展開するこの映画だが、この街に住む様々な人種が入り乱れ、最初は些細なところから始まった人種間の軋轢が、最終的には大きな悲劇を生む。ブルックリンがいまのような高級住宅地となる遥か昔の、まだ荒々しい空気が満ちていたベッドスタイの街のなかで、エア・ジョーダン４や爆音で鳴り響くラジカセといったストーリー的に重要な小道具でさえ、スパイク・リーは実にスタイリッシュに描き、ヒップホップ・カルチャー、ブラック・カルチャーへの大きな憧れを抱いていた当時の若者たちにとっては、すべてが最高にクールなものとして映った。しかし、スパイク・リーが伝えたかった本質的な部分は勿論そこではない。『ドゥ・ザ・ライト・シング』を観たことがある人であれば分かると思うが、今年5月にミネアポリスで起きたジョージ・フロイド事件と、その後、全米各地で起きた暴動への流れは、この映画の後半部分のス

©1989 Universal Studios. All Rights Reserved.

トーリーそのものであり、あの頃から約30年以上経ったいまも、アメリカにおける人種差別の状況は、全く変わっていないという事実に改めて驚かされる。だからこそ、スパイク・リーはその後も『マルコムX』であったり、彼自身にとって初のアカデミー賞（脚色賞）受賞作となった『ブラック・クランズマン』や最新作の『ザ・ファイブ・ブラッズ』など、黒人を主役にした作品を作り続け、人種差別と戦い続けているのだ。

『ドゥ・ザ・ライト・シング』公開の3年後に起きたロサンゼルス暴動を題材にしたドキュメンタリー映画『LA 92』（17年公開）も、いま観るべき作品のひとつだろう。通常のドキュメンタリー作品とは異なり、この作品は関係者への再取材映像などは一切用いておらず、全てがニュース映像などの当時のアーカイヴ映像のみで構成されており、一連の事件や出来事の生々しい空気感がダイレクトに伝わってくる。ロサンゼルス市内で6日間にわたって続いた暴動の中で、死者63名、火事や略奪によって被害総額10億ドル以上の被害を生み、現代アメリカ史において最悪の人種暴動のひとつとなったロサンゼルス暴動であるが、構造的には今年アメリカ国内各都市で起きた暴動と全く変わらない。ロサンゼルス暴動の原因となったロドニー・キング事

©1989 Universal Studios. All Rights Reserved.

件が、ジョージ・フロイド事件に置き換わっただけで、この作品もまたアメリカ社会が何も変わっていないことを嫌というほど教えてくれる。

しかし、なぜこれだけ時間をかけても、人種差別を取り巻く状況が何も変わらないどころか、トランプ政権以降、さらに悪化しているのか？　誰もが思うであろうこの疑問を解くためのヒントを与えてくれるのが、16年公開のドキュメンタリー映画『13th　憲法修正第13条』だ。タイトルにある「修正第13条」とは奴隷制を禁じる憲法の修正条項なのだが、犯罪者を適用外とすることで、結果的に奴隷制がいまも合法的なものとして継続しているとこの作品は指摘している。奴隷解放された黒人たちを恐れた白人の支配層が、彼らを不法に逮捕して刑務所へ送るという歴史上の事実は、いま現在も形を変えて続いているというのは言うまでもなく、ジョージ・フロイド事件などもその延長上と言えるだろう。また、後半で描かれているアメリカ特有の刑務所システムなどは、制度的人種差別が生み出される仕組みとも繋がっている。現在、Netflixにて独占配信されているこの作品だが、実は今年４月からYouTubeにて字幕付きで無料公開されているので、興味のある方はぜひ。

『ドゥ・ザ・ライト・シング』
Blu-ray：1,886円＋税
DVD：1,429円＋税
発売元：NBCユニバーサル・エンターテイメント
※2020年7月時点の情報です。

©1989 Universal Studios. All Rights Reserved.

Get on the Bus

市井の黒人男性たちの喜怒哀楽

スパイク・リー監督『ゲット・オン・ザ・バス』(1996)

文＝三田格 by Itaru W. Mita

「ゲット・オン・ザ・バス」
好評レンタル中
発売・販売元：ソニー・ピクチャーズ エンタテインメント
©1996 COLUMBIA PICTURES INDUSTRIES, INC. ALL RIGHTS RESERVED.

黒人男性の「存在」をテーマとしたロード・ムーヴィー。ネイション・オブ・イスラムが黒人の父親たちにしっかりしてもらおうと、ワシントン広場に大集合をかけ、1995年にアメリカ中から黒人の男たちが集まった実際の「ミリオン・マン・マーチ」を下敷きにしている（「#MeToo」の時に起きたウィミンズ・マーチのオリジナルというか）。作品のほとんどはLAからバスに乗り込んだ15人の男たちがヒマにまかせて身の上話をし、議論を戦わせるだけ。多少のトラブルもあり、最後に少しだけ加えられているヒネりは『オズの魔法使い』のようでもある。スパイク・リーは黒人の中流階級に寄り添ってきた作家である。『ドゥ・ザ・ライト・シング』も『ジャングル・フィーヴァー』も人種の共存がメインだし、自分たちがどこからきたのか思い出すために『マルコムX』を撮ったと僕は解釈している。逆にいえば極端な貧困や底辺を描くことにはあまり長けていず、『シャイラク』がシカゴで起きているギャングの抗争を茶化すような形になってしまったのも問題意識が共有できていなかったせいだろうし、『ブラック・クランズマン』でヘイトを募らせる黒人たちをKKKの同類のように見せるのも、スパイク・リーがあくまでも黒人たちに「普通」であることを求めているから（マイケル・ジャクソン祭りのようなことを毎年、ニューヨークで主催しているぐらいで）。地道にやろうとは誰もなかなか言わないし、『ゲット・オン・ザ・バス』がヒーローでもアウトローでもなく、普通の黒人男性から様々な喜怒哀楽を引き出し、「普通」であることがどれだけ難しいかを表現したことはとても意義のあることだったと思う。

PUBLIC ENEMY

(1982~)

パブリック・エナミー——政治とエンターテイメント

文=三田格　by Itaru W. Mita

ブラック・ライヴス・マターに呼応してクリス・ロックが〝Fight The Power〟を鳴らしながらアカデミー賞の舞台に姿を現したとき、ああ、パブリック・エナミーはまだ有効なんだなと僕は感じた。クリス・ロックはネットフリックスでたった2本のTV番組に出るだけで40億円も稼ぐ黒人のコメディアンである。キム・ベイジンガーが「どうして『ドゥ・ザ・ライト・シング』はノミネートもされてないの?」と怒りをあらわにしたアカデミー賞と同じ舞台で17年後に〝Fight The Power〟を大音量で鳴らしただけでなく、黒人は公民権運動に忙しくてアカデミー賞に出席する時間がなかったとか、映画館に行く途中で警官に撃ち殺された黒人を追悼しようとか、白人だらけの授賞式はクリス・ロックの毒舌を聞いて笑うどころか顔を引き攣らせるしかなかった。彼の司会っぷりはパブリック・エナミーの政治性や攻撃性がエンターテイメントの大舞台で炸裂したようなものである。その後、クリス・ロックはもちろん、アカデミー賞の司会には呼ばれていない。

人種平等の訴えと同時にセパレーティズム（人種分離）を散らつかせたパブリック・エナミーはデビューからプロテストのかたまりだった。まだヒップホップが娯楽なのか反抗なのか、どっちに向かうかもわからない段階で自らを爆弾に喩え、情報相を名乗るプロフエッサー・グリフが武装したダンサーたちを組織し、休みなき反抗（〝Rebel Without A Pause〟）を打ち出し、ありったけの雑音を撒き散らした（〝Bring The Noise〟）。警察はお笑い草で（〝911 Is A Joke〟）、話し合いやデモをさせろ、権力と戦え（〝Fight The Power〟）と抗議に次ぐ抗議をアグレッシヴなサウンドにのせて訴え、フレイヴアー・フレイヴが首からぶら下げていた大きな時計は黒人たちに「目を覚ます時間だ」と訴える意味があった。後にキラー・マイクが糾弾するように80年代にレーガン政権が黒人たちへの福祉をカットしたことは黒人社会に貧困を蔓延させ、黒人同士で足を引っ張り合い、時によっては撃ち合うほどコミュニティが破壊される原因をつくり出した。「また夏がやってきた」とチャック・Dが歌うとき、それは60年代の公民権運動がもう一度はじまるという意味であり、僕はそれこそヨーロッパで起きていたセカンド・サマー・オブ・ラヴに対してセカンド・ロング・ホット・サマーが始まる合図に思えたものである。パブリック・エナミーの勢いがあまりにスゴいので、FBIが「ラップ・ミュージックと国家安全保障への影響」というリポートを議会に提出した話はあまりに有名で、彼らが来日した際、マルコムXからルイ・ファラ・カーンに引き継がれたネイション・オブ・イスラムのメンバーにはならないのかと筆者が訊くと「それほどマジじゃない」とチャック・Dに返され、ちょっとコケた記憶もある。チャック・Dはライヴで各地を回るのはセミナーを開くことが目的だと話してくれ（これまでに90カ国をツアー）、「アフリカに土地を買いたい」と言ったフレイヴアー・フレイヴのひと言も忘れがたい（90年代に入ってネイション・オブ・イスラムが政府のサポートを受けられなくなると、RZAはネイション・オブ・イスラムのメンバーになっている）。

フリー・ジャズを取り入れたり、ターミネイターXの派手なスクラッチなど音楽面でもパブリック・エナミーがヒップホップに果たした役割りは小さくない（NMEが2年続けてベスト・アルバムの1位に選んだミュージシャンは初めてだった）。また、パブリック・エナミーのステージは予想以上にエンターテイメント性にあふれ、アメリカのショービズを大きく踏み外すものではない。彼らが政治団体ではなく、音楽家であることは紛れもない。

Public Enemy / It Takes A Nation Of Millions To Hold Us Back / Def Jam Recording (88)

Public Enemy / Nothing Is Quick In The Desert / Not On Label (17)

WU-TANG CLAN

(1992~)

ウータン・クラン――殺されないように自分を守りな

文＝二木信 by Shin Futatsugi

今年6月初旬、ウータン・クランの公式ツイッターアカウントが、BLMのデモで「PROTECT YA NECK」と書かれたプラカードを頭上に誇らしく掲げる抗議者の写真を拡散した。これはウータンが1993年に発表したデビュー曲のタイトルで、当時の日本盤で「自己防御せよ」と訳された。秀逸な翻訳だ。「殺されないように自分を守りな」という意味だ。1992年にNYのスタテン・アイランドで結成されたウータンはポスト公民権運動世代、つまり社会正義の追求だけでは解決できない、警察の暴力や人種差別、麻薬売買を巡る犯罪やギャングの抗争が身近にある過酷な現実を生き抜いてきたヒップホップ世代の〝自衛組織〟だった。「C.R.E.A.M.」の冒頭でレイクウォンはそんな彼らが何者でどこから来たのかを端的に全世界に知らしめた。「オレは犯罪地区で育ったんだ／『ニューヨーク・タイムズ』紙に載る事件が起こるような地区でさ」。後年彼は「スタテン・アイランドは忘れられた地区。NYの一部として十分に尊敬されていない」「(だから)『PROTECT YA NECK』で意識したのはスタテン島をレペゼンすることだった」とNetflix制作の『ヒップホップ・エボリューション』（2016年）で当時を振り返った。さらにドキュメンタリー『Wu-Tang Clan: Of Mics and Men』（2019年）のなかでインスペクター・デックは、80年代後半のスタテン島のある地区の、身の危険を感じるほど激しい人種差別について「ミニ・ミシシッピーだった」と回想している。そうした時代背景の中で彼らは、マルコムXがかつて信仰し後に脱退したネイション・オブ・イスラムから分裂して誕生した、ファイヴ・パーセンターズの思想に救済を求めた。1991年、GZAがステージ上で「最初の人類は誰だ?」と観衆に問いかけ、自ら「最初の人類はアジアの黒い男」と答えブラックとしての誇りを表明するライヴ映像も残されている。宗教だけではない。リーダー／プロデューサーのRZAは、香港映画の『少林寺武者房』やブルース・リー主演の『ENTER THE DRAGON』などで描かれた東洋の武術の固有名詞を引用し、映画の台詞や効果音を大胆に盗用、歪に変形させた自身のルーツ音楽であるソウル、ファンク、ジャズのサンプリングと混合し斬新なアフロ／アジア的世界観を創造した。GZAのソロ・アルバム『Liquid Swords』（1995年）に至っては『子連れ狼』の英語吹き替えの台詞で幕を開けた。そうしたRZAのオマージュは単なる趣味の域に収まらない。西洋的価値観に基づいたアメリカの支配構造に抗するために東洋的価値観と美意識を積極的に取り込んだと考えられる。実際RZAは一貫して〝弁舌は剣である〟と主張してきたし、「PROTECT YA NECK」の8人のラッパー（インスペクター・デック、レイクウォン、メソッド・マン、U・ゴッド、オール・ダーティ・バスタード、ゴーストフェイス・キラー、RZA、GZA／不参加のマスタ・キラーとカパドナは後に正式加入）の圧巻のマイク・リレーはまさに〝ラップは武術〟を体現していた。デビュー作『燃えよウータン』は『ソース』誌でマイク5本を獲得、サビ／コーラスのない5分半をこえるマイク・リレー曲「Triumph」を含む次作『ウータン・フォーエヴァー』（1997年）はビルボード・チャートで1位に輝いた。アメリカのポップ音楽の定型から逸脱したアートを本国のみならず全世界に認めさせた。アパレル・ブランド「Wu Wear」などのビジネスも成功させ、途中で頓挫したものの、1997年には当時大人気だった左派のロック・バンド、レイジ・アゲインスト・ザ・マシーンとの全米共同ツアーも敢行。彼ら固有の言語、ファッション、身体表現は越境し事実音楽史を塗り替えた。だがそれから約20年あまり、米国で生きるブラックにとって「自己防御せよ」のメッセージはいまだ切実である。

RUN THE JEWELS (2013~)

ラン・ザ・ジュエルズ――社会正義のヒーローなんぞにならない

文＝ジェイムズ・ハッドフィールド　by James Hadfield
訳＝五井健太郎

ラン・ザ・ジュエルズの4作目にしてこれまででもっとも重要なアルバム『RTJ4』を、5月29日のアトランタでおこなわれ、SNS上で広くシェアされたキラー・マイクのスピーチと切りはなして考えるのは難しい。数日前からはじまっていたジョージ・フロイドを殺害した警官にたいする抗議が、破壊的な展開を見せていくなかで、マイクは民衆の怒りを認めつつ、同時にまた、その怒りを自分たちのコミュニティへ向けてはならないのだと説いていた。

「俺たちは百貨店が燃えあがるのを見たいわけじゃない」と彼は述べている。「俺たちは、体系的な人種主義を作りだしているシステムが燃えあがるのが見たいんだ」

『RTJ4』はこのスピーチの翌週に発売されたが、これほどタイミングのいいリリースはそうそうないことである。そこには怒りがあり、ユーモアがあり、敵意を削ぐような率直さがあって、目下の状況が先取りされていると同時に、目下の状況との共鳴が見られる。ラッパー兼プロデューサーであるエルPのキャリアのなかでもっともパンチがあり、もっとも派手な作品だといえるこのアルバムは、時代の終わりのためのパーティ・ミュージックである。リード・シングル「オー・ラ・ラ」のMVのなかで予見されているのは、まさにそうしたイメージだ。そのなかで彼らは、資本主義の終わりを祝うブロック・パーティを主催し、価値のなくなった大量のドル札が燃えるそのパーティのなかでは、浮かれ騒ぐ群衆のポップダンスが繰りひろげられている。

4枚のアルバムをとおしてラン・ザ・ジュエルズは、ある曲で警察の残虐さを話題にしたと思えば、次の曲ではプードルを撃ち殺すのだと冗談を言うといった調子で、まっとうな怒りと馬鹿げたユーモアを両立しつづけてきた。したがって『RTJ4』の多くの歌詞が、まるで2020年という年のために特注されているように見えるとしても、ことさらに予言がおこなわれていたわけではないのだ。この二人はつねにそういったことについて語ってきたのである。

じっさい、2014年の『ラン・ザ・ジュエルズ2』収録の〝アーリー〟は、新しいアルバムに収録された〝ウォーキング・イン・ザ・スノー〟とまったく同じように、聴く者の胸をえぐるような警察の残虐さを描いたものだった——後者の曲のなかでマイクは、「その悲鳴が『息ができない』というかすかな声に変わるまで／俺と同じような男が」首を絞められる様子を思い描いている。このときに彼が考えていたのはエリック・ガーナーの最後の言葉だったが、死の直前のジョージ・フロイドは、同じ言葉を20回以上繰りかえしていたのだった。

だがエルPは、インタヴューのたびに繰りかえし、現在の出来事に足並みを合わせていたいわけではないのだと語っている。自分たちの正しさが証明されるよりも、黙示録的な変人でいたいというわけである。こうした考えは、〝プリング・ザ・ピン〟に感情のこもったヴォーカル・フックを提供しているヴェテラン・ソウル歌手メイヴィス・ステイプルズ［Mavis Staples］による、次のような歌詞に表現されている。「俺が勘違いしているだけならいいんだ／だけど最悪の場合、俺ははじめから正しかったことになる」

荒涼とした現状が描かれ、辛辣なコメディが繰りひろげられたあとで、このアルバムは、予想外にも胸を刺すような感動的なトーンで幕を閉じている。ラン・

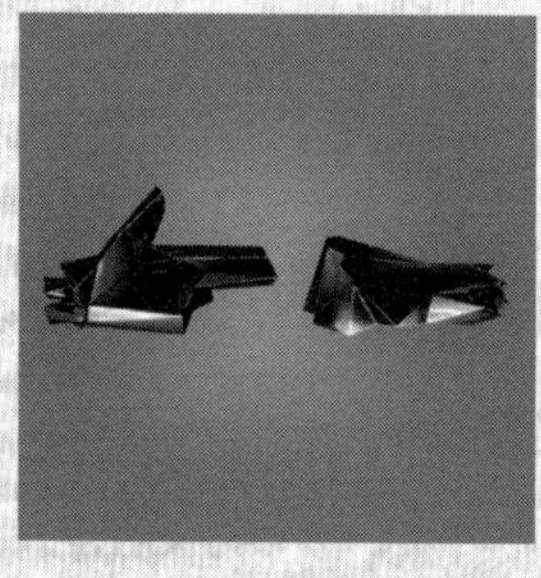

ザ・ジュエルズが仮面を取ったのは、この「ア・フュー・ワーズ・フォー・ザ・ファイアリング・スクワッド（レディエーション）」がはじめというわけではないが、先立つ曲の激しさのあとでは、そこで彼らが表現する感情の直接性は、いっそう印象的なものに感じられる。

アトランタでのマイクのスピーチは、この先の彼に政治的なキャリアがありえることを示唆するものだったかもしれないが、しかしその曲のなかにおける彼の歌詞は、社会正義のヒーローというマントをまとうことを拒否している。自分の妻との会話を思いだしながら、彼は次のようにラップしている。「友人たちは彼女に、あいつなら新たなマルコムになれると言う／あいつなら新しいマーティンになれると／だけど彼女はそのパートナーに／世界は新しい殉教者を必要としているけど、そんなものより自分には夫が必要なんだと言い返した」

たとえ世界中の注目が集まっていたとしても、頭の切れる彼には、どこで話を切りあげればいいかちゃんとわかっているのである。

Precious: Based on the Novel Push by Sapphire

どんな状況でも希望を失わないための物語

リー・ダニエルズ監督『プレシャス』(2009)

文=三田格 by Itaru W. Mita

写真提供：ファントム・フィルム
好評配信中！

煮え湯を飲まされ続けているスパイク・リーとは対照的に、（オバマ時代ということもあったのかもしれないけれど）低予算でつくられた『プレシャス』がいきなりアカデミー賞にノミネートされ、彗星のような存在感を示したリー・ダニエルズ。作を追うごとにエンターテインメント性を増していく彼の原点であり、同作の設定は黒人女性のメンターが黒人の少女を導くという、とても珍しいものとなっている（少なくとも僕はほかに知らない）。舞台は１９８０年代後半のハーレム（レーガン政権が黒人ゲットーの福祉予算を大幅にカットした時代）。両親にネグレクトされて育った16歳の肥満少女プレシャスがブルー・レイン先生と出会い、自分や世界のことを少しずつ理解し始めていく。読み書きができなかった主人公が日記を書き始めるという設定で書かれた原作は『無知の涙』や『アルジャーノンに花束を』を思わせる「知」の再構築であり、この過程を映像表現だけで見せていくダニエルズはさすがとしか言いようがない。プレシャスの部屋にはネイション・オブ・イスラムを率いたルイ・ファラカーンのポスターが貼られていて、ファラカーンはテープによって知を広めようとした存在だったのに対し、プレシャスが学ぶのは「文章を書くこと」がどれだけ自分を知る手段になっているかということ。その差は歴然としている。また、希望的な材料は何ひとつ示されないにもかかわらず、エンディングで不思議なほどポジティヴな感覚に包まれるのは「個人」という単位で生きることが保障されている「アメリカの理念」が垣間見えるからだろう。プレシャスの母親役をコメディアンのモニークが見事に演じたのも大きな話題となった。

Literature

James Baldwin (1924〜1987)

ジェイムズ・ボールドウィン

——黒人文学の可能性を広げた小説家

文＝松村正人 by Masato Matsumura

「どうせ汚いやつなんだ」、これはジェイムズ・ボールドウィンの１９５３年刊行の処女作『山にのぼりて告げよ』の前半の一節、自室で目をさました主人公のジョンの目に映る風景の描写である、この一文には以下のつづきがある。

「なお汚くなろうとかまうもんか」（斉藤数衛訳、早川書房／傍点原文）

小説はおそらくボールドウィン自身がモデルとおぼしきジョンと、父ガブリエル、母エリザベスや弟のロイ、父の姉フローレンスらグライムズ家のひとびとをめぐる群像劇的で自伝的なたたずまいをもつとともに教会や告白が語りの動力となる点で宗教的な色合いも帯びている。それはさておき、作者はなぜ、主人公の内面の語りのいちぶを強調する必要があったのか、そこにはおそらく20世紀の米国黒人作家をとりまく現実の照り返しがある。

ジェイムズ・ボールドウィンは１９２４年、マンハッタンはハーレムで生をうけた。バプテスト派の牧師一家の9人兄弟の長男だったが、父とは血のつながりはなかった。14歳から17歳まで牧師として活動し、後年の発言によれば彼らはこの3年で書くのにめざめた。やがて創作に手をそめ、戦争——というのは第二次世界大戦のことだが——の終わりまぎわにブルックリンに住むリチャード・ライトを訊ねたこともある。当時黒人文学はラングストン・ヒューズら、ハーレム・ルネッサンス期の作家からライトやラルフ・エリスンらの世代でたんに告発調にとどまらない主題と技法と洗練にふみこみはじめたが、さらにその後継となるボールドウィンの世代では状況はもっとずっと

こんがらがっていた。その混乱はとりもなおさず、米国黒人にとっての歴史や社会と主体との合流地点である「I＝私」の置かれた複雑な状況に由来する。ヘンリー・ジェイムズやフォークナーの影響下に作家活動をスタートしたボールドウィンは『山にのぼりて〜』や『ジョヴァンニの部屋』（56年）で「I」の桎梏を形式や方法や文学的興趣と意識的に併置していたが、1957年、当時活動の拠点にしていたパリでリトルロック高校事件を報じる写真を新聞紙上で目にして米国への帰国を決意する。

ボールドウィンは1948年、このままでは社会に殺されると、着の身着のままNYを出奔したが、このときの帰還は公民権運動まっただなかにあたり、運動にはいった彼はキング牧師、マルコムX、メドガー・エヴァーズら、重要人物とまたたくまに知り合い、その後の10年で彼らはことごとく暗殺された。三者をめぐる諸相は75年のエッセイ集『巷に名もなく』にまとまり、本書を下敷きにラウル・ペックは『私はあなたのニグロではない』（2016年）と題したドキュメンタリーを撮っている。2010年代のブラック・ライヴズ・マターを淵源とするこの映画はボールドウィンの語りを軸に展開するが、そこには一方が他方に寄りかかりながら目を背ける人種差別では差別する側がされる側にむきあわなければけっして変わらないという確信が脈打っている。ボールドウィンにはそれを未来への賭け金にしようとするフシもあるが、そこにはイメージの産物にすぎない黒人像をいかに書き換えるか、歴史が彼らに課した課題への深い洞察がある。この問いへのボールドウィンの回答は『もうひとつの国』や『次は火だ』などの、いま風にいえばエモいエッセイ集にまとまった社会への知見とも地続きだが、家族や男と女といった一面的に片づけられない個の主題は中期以降「ソニーへのブルース」や『ビール・ストリートに口あらば』などの小説群で近代文学への明晰な批評眼や高い方法意識と結びつき、トニ・モリスンらにひきつがれていく。一方で、彼の小説は異性愛と同性愛とを問わず、性愛に固執しすぎだとの世評もつきまとうのだが、しかしそのような屈折や強迫が「どうせ汚いやつなんだ」というボールドウィンの「私＝I」をかたちづくっていたのであれば、彼のことばはむしろいまこそ輝きをますというべきであろう。

If Beale Street Could Talk

むせ返るような官能性、愛し合うふたりの人生と尊厳

バリー・ジェンキンス監督『ビール・ストリートの恋人たち』(2018)

文=木津毅 by Tsuyoshi Kizu

一貫して「肌」について、あるいはまた「肌」と「肌」の重なりについての映画であったバリー・ジェンキンス監督作『ムーンライト』（２０１６）は、ブラック・イズ・ビューティフルという命題に映画的な美学でもって応じていた。月明りの下では、黒人の肌は青く見える――実際にライティングによって画面には青い色彩が加えられ、その色調のなかでブラックの肌が輝いて見える。多くのハリウッド映画において、照明は白人の肌色に合わせて調整されてきた。出演俳優がほぼ黒人で占められた『ムーンライト』では、（映画の舞台である）フロリダの海のように鮮やかなブルーの光が画面に注がれる。そして、ひとりの少年が別の少年の青く輝く「肌」に対して触れたいと願う情動が溢れ出していく。

　いっぽうで、ジェンキンスの『ムーンライト』に続く長編となった『ビール・ストリートの恋人たち』（２０１８）は赤やオレンジ、黄色といった暖色が印象に残る作品だ。街灯の温かく柔らかい光が恋人たちを照らせば、惹かれ合うふたりの身体は熱を帯びていくだろう……。

ジェイムズ・ボールドウィン再評価の機運は、彼の未完の原稿を基にしたラウル・ペックによるドキュメンタリー作『私はあなたのニグロではない』（２０１６）に象徴されるように、２０１０年代なかばをピークにして高まっていた。そう、ブラック・ライヴズ・マターと同期して、である。ジェンキンスは本作の脚本を２０１３年ごろから準備していたというが、ボールドウィン・エステートの許可取得に時間を要し、結果として『ムーンライト』の製作が先に来たのだそうだ。そのことが結果として、『私はあなたのニグロではない』などが拾っていなかったボールドウィンの文学の重要な側面を本作が帯びることに繋がったと言える。

　それはむせ返るような官能性、である。『ビール・ストリートの恋人たち』は主人公の女性ティッシュとその恋人ファニーが理不尽に受けることになる受難を描く物語で、ファニーは白人女性に対する強姦罪（もちろん冤罪である）で逮捕されているため、ここにはＢＬＭの背景――黒人男性が社会にどのような視線を向けられてきたか――そのものがあると言えるのだが、それ以上に強く印象に残るのはティッシュとファニーが交わすことになる性愛なのである。ニコラス・ブリテルによ

「ビール・ストリートの恋人たち」
Blu-ray&DVD　好評発売中
発売元：バップ
©2018 ANNAPURNA PICTURES, LLC. All Rights Reserved.

る非常にリッチなスコアが流れるなか、ふたりはオレンジ色の光に包まれながら視線を絡ませ、あるいは身体を重ねる。ゆったりとしたカメラの動き。永遠にこの時間が続けばいいのにと観る者に思わせるような……体温を孕んだエロスの横溢。

そんなふたりの愛や人生を守るために、周囲の人間もまた困難に立ち向かっていく。家族の父親たちは法を破ってでも金を集め、その金でティッシュの母親は被害者の証言を得るためにひとりプエルトリコに飛ぶ。映画中もっとも緊迫感が加わるのがこのレジーナ・キングの独壇場となるパートであり、しかし、彼女の勇敢さは厳しい現実に敗れ去っていく。舞台は１９７０年代のハーレム……ここで描かれていることと、現在起こり続けていることと、いったい何が違うというのだろう。

この映画は、彼女らや彼らが懸命に闘う理由そのものを映し出す。と同時にジェンキンスはただ、自身の作家性を懸けて美しい瞬間を捕まえようとする。ふたりで暮らす部屋をようやく見つけ、路上でたまらず快哉を上げる若い恋人たち。たったそれだけのことが、ふたりにとってのどれだけの喜びであることか。ここで描かれる黒人たちの連帯は愛し合う若いふたりの人生と尊厳――その、小さな喜びの瞬間ひとつひとつを取り戻そうとするものである。だからこのエレガントなラヴストーリーは、ＢＬＭが愛のムーヴメントと呼ばれていることの意味を観る者すべてに体感させるだろう。

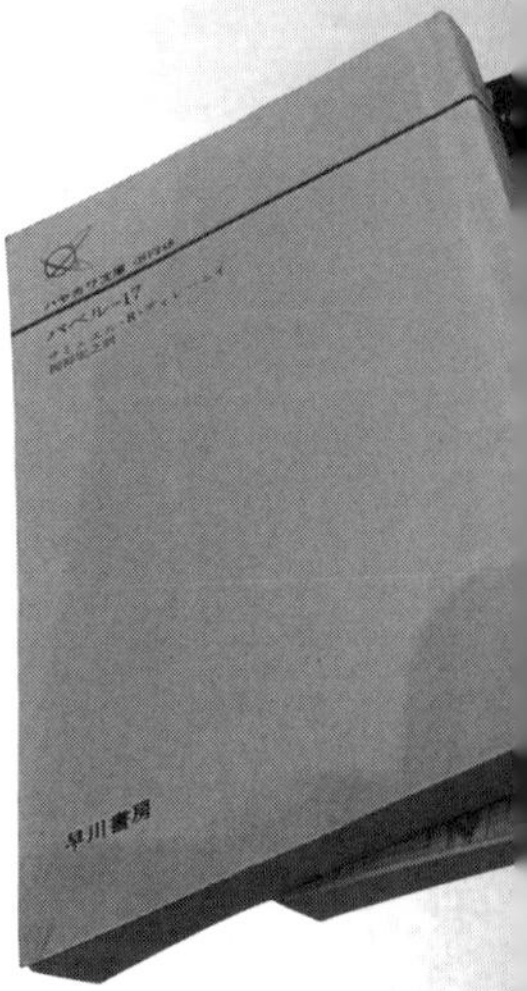

Literature

Samuel Ray Delany, Jr. (1942〜)

サミュエル・R・ディレイニー
——ブラック・トゥ・ザ・フューチャー

文＝高橋勇人　by Hayato Takahashi

アメリカの黒人ＳＦ小説家サミュエル・Ｒ・ディレイニー（１９４２－）は、宇宙を舞台に繰り広げれるスペース・オペラという形式などを通して、技術、神話、言語、人種、セクシュアリティなど、様々な題材に焦点を当ててきた。

広義では技術や未来像による補塡による黒人表象を指すアフロフューチャリズムというタームが生まれた、アメリカの白人批評家マーク・デリーによる記事「Black to the Future」（１９９４）にはディレイニーのインタヴューが掲載されている：「（ＳＦが）周縁から操作される——そして操作されるように要請する——ときこそもっとも誠実であり効果的なんだ」。社会の周縁で逞しく生きる人物に焦点を当て、物事を「外側」から描くことによって、出来事、主義、運動など、何かの中心で起きていることを理解しようとしてきたディレイニーのこの姿勢は、特定の形式に陥ってしまうことを拒否するかのように昨今も続くアフロフューチャリズムの議論にインスピレーションを与えている。

部外者たちの描き方は文学史上における大きなテーマのひとつでもある。例えば、ディレイニーと同世代の南アフリカ出身の白人作家Ｊ・Ｍ・クッツェー（１９４１－）の小説『マイケル・Ｋ』（１

983）は、アパルトヘイト下にあり暴動などによって混乱状態に陥っている架空の南アフリカで、青年マイケル・Kの波乱に満ちた人生を描く。「南ア」、「アパルトヘイト」という政治的舞台装置があるにもかかわらず、クッツェーは、ある箇所を除いて、登場人物の肌の色を全く書いていない。ゆえに、物語は近未来であるかのような印象を獲得し、登場人物たちの言動や彼らの事物との関わりの中に、複雑化されたアイデンティティが投射されている。

ディレイニーが描く宇宙空間のアウトサイダーにも、必ずしも肌の色が与えられているわけではないが、彼らの多くは英語を堪能に話し、その喋り方のひとつひとつに、人物背景が反映させられているケースが多い。未知なる言語体系をテーマにした初期の代表作『バベル―17』の英語のオリジナル版において、言語学者であり、詩人の主人公、リドラ・ウォンは美しい言葉を話す一方で、彼女のクルーのひとりブラスの英語の発音からは物語中で一貫して「P」が抜け落ちている。

また、『ノヴァ』（1968）の日本語版において、英語やトルコ語、ギリシア語を、幼い頃に地球で身に付けた無茶苦茶な文型で話す登場人物レオを、訳者の伊藤典夫はユーモラスに訳している（「Where did you this find?」→「どこかな見つけたと、これ?」）。ディレイニーは言語、ひいては地球という存在が相対化されるスペース・オペラにおいて、言語を通して世界を認識する人間たちが、どのようにアイデンティティを形成しうるのかを、こういった「誤法」によって鮮明に描いている。

「他の言語を学ぶ時、ひとは他の人間たちがどのように世界を、宇宙を見ているのかも同時に学ぶことになる」、と『バベル―17』の主人公は述べる。「人種」や「人間」という概念へのアクセス経路のひとつである言語をディレイニーは上記の方法などを用いて相対化／複数化し、異なる宇宙（universe/space）を生み出している。この小説が書かれたのはマルコムXが暗殺された翌年の1966年のことであり、人種を取り巻く政治が米国史上でかつてないほど高まっていた。執筆時23歳だったディレイニーは、白人社会に虐げられてきた者たちが生々とするロジックを、宇宙という相対化装置を経由して発見した、ともいえるだろう。

Literature

Alice Walker（1944〜）

アリス・ウォーカー

——フェミニズムではなくウーマニズム

文＝水越真紀　by Maki Mizukoshi

1944年にジョージア州の貧しい小作人の8番目の子として生まれたアリス・ウォーカーは、地元のカレッジからニューヨークの名門カレッジに編入学する。時は公民権運動の60年代。幼少時に兄の空気銃暴発で片目を失った内向的な少女は、公民権運動に参加しながら作家活動を開始。代表作『カラー・パープル』はピューリッツァー賞を黒人女性として初受賞を果たす。

私が「カラー・パープル」を読んだのはその少し後で、92年の「ロス暴動」の頃。自分のことをフェミニストではないと言っていた頃だった。フェミニズムに出会ったのは1972年だった。小学生ながら、テレビで見たウーマンリブの中ピ連に夢中になった。最近の例でいうなら、90年代にテレビに出まくっていた田嶋陽子に励まされた少女たちみたいなものだ。その後、80年代になるとウーマンリブはダサいものとなり、若い女たちは女性解放運動への共感を口外しなくなっていった。その孤独の時代の後にやってきたのが「フェミニズム」という洒落た単語で、「女の時代」というキャッチコピーは華々しかったが、「平等を得たいなら（男社会で）男並みに業績を上げて評価を得よ」というさらなる孤立に追い立てるネオリベ経済の入口となったのだった。つまり、10歳でフェミニスト（現代の言葉で言えば）になった私はその後の20年間で「フェミニストではない」というところに追いやられていた、そういう意味で孤独な時代だった。

『カラー・パープル』は主人公の黒人女性セリーが継父や夫（黒人男性）から酷い虐待を受けながら、それに抗することもなく生きている。そこにフェミニストの黒人女性シャグが現れる。セリー

は男たちにも堂々とものを言うソフィアに憧れるようになる。シャグに教えられ、セリーは自分を苦しめるものの正体を知って、やがて男との関係では生まれてこなかった愛の喜びをも得る。ひとりぼっちだったセリーと彼女の世界が変わっていくストーリーは明るく感動的だ。それはこの日本で、セリーとはまったく違う歴史と経緯で孤独を感じていた私のことも変化させてくれたと思う。

「女の友情は脆い」「男女平等には女の自立と自覚が必要」など、頭ではおかしいと思っているような紋切り型を、いつの間にか内面化していたんだと、もっと後になって気づくことになった。アリス・ウォーカーに教えてもらったのはシスターフッドということだ。私の世代にとって団結だの連帯なんてことはとにかく胡散臭いものだった。けれどもセリーの無力感や諦め、そして憧れや希望、シャグとの性愛を含めた愛情までを含めて、その堂々とした物語は、いわば「フェミニズムの迷子」になっていた私に道しるべをくれた。女は誰もが何も考える前からフェミニストじゃないか、女が生きているということ自体が、フェミニズムそのものだ、なにも憚ることはない、静かに堂々と、いつもフェミニストでいればいいと、以来ずっと思っている。

ところでシャグは正確に言えば「フェミニスト」ではない。アリス・ウォーカーは白人女性のフェミニストと区別し、黒人女性のフェミニズムを「ウーマニズム」と名付け、それを体現する女性を「ウーマニスト」と呼んだのだ。フェミニズムとウーマニズムの違いは評論集『母の庭をさがして』で詩情豊かに語っている。それは最も身近な「母の庭」にあるのだと。公民権活動家でもある彼女は黒人女性を虐げる存在は白人社会や白人男性「だけ」ではないという現実を描いた。黒人女性は最も日常的には、白人社会で差別に苦しむ黒人男性による差別に苦しんでいたし、フェミニストとしては白人女性のフェミニストにも差別されていた。アメリカの黒人女性は何重にも重なる差別の最下層にいる。「敵」は白人男性よりもまず黒人男性だった。その上で、アフリカから続く祖母や母たちがつないできてくれた創造力や芸術を見つけようとする。そのウーマニズムという思想には、個人主義に基づく近代の白人フェミニズムでは語りきれなかった結びつきの感覚が、近代的な知識・知性と情熱的に共存している。

１００年後のパンデミックとポリス・ブルータリティ

文＝日暮泰文　by Yasufumi Higurashi

（ひぐらしやすふみ）東京生まれ。ブラック・ミュージック・ランブラー。慶大卒。ブルース・インターアクションズ（Ｐヴァイン・レコード）を75年に創業。２００７年にリタイア。ＬＰ、ＣＤ、雑誌、書籍等、多数のリリースを手掛ける。著書に『ブルース心の旅』、『ＲＬ‐ロバート・ジョンスンを読む　アメリカ南部が生んだブルース超人』、『のめりこみ音楽起業』、『ブルース百歌一望』、訳書に『ブルースと話し込む』など。

いまは21世紀なのかと問い返したくなるような、何度も報道された優越白人警官とチョーク・ホールドされる黒人男性の動画、そしてそれに続く騒乱は胸がつぶれるような既視感とともに立ち現れる。しかも、まさに新型コロナと呼ばれる感染症パンデミックの真っ只中であること、またレイシスト大統領を頂くのもあの頃と同じだ。人権意識など薄い現大統領の出現もまさか、であったが、その前の同職にあった人物の登場もまた、まさかと思われたものだった。チェンジを標榜した初の黒人大統領。チェンジがやってくる、という歌をのこした名シンガーが世を去って半世紀の経過後、その予言が実現するのではないかという歓喜が黒人コミュニティにあふれた時代を過ぎてもなお、このような人種関係を米国は持ち続けている。あるいはしかし「黒人の命も大切だ」というスローガンが一般的なものとして謳われているだけでも、黒人の歴史はゆっくりとだが前を向いて進んではいる、と言えるのかもしれない。１００年ほど前にいまと同様世界を襲った、いわゆるスペイン風邪の時代の人種関係、騒乱状況はそんなものではなかったからだ。

その時南北戦争からまだ半世紀程度の経過であり、元奴隷を隷属状態に押しとどめておこうとする社会的制度がかたまってきていた時代だ。分離すれども平等という最高裁判決（１８９６年）があった。どこが平等？「親父によく言われたものだ。もし首にロープをかけられた時に後ろに下がり出すと息ができなくなる。ただそのままにしておくんだ。これはどういうことかと言うと、罠にかけられたら自分の手が自由にでもなっていないかぎりそのままにする、相手がゆるめてくれるまでな」（＊1）。まさに多くの黒人家庭で話された忍従の教えだが、反抗や権利の主張など、到底考えも及ばなかった時代である。１９１０年代というこの時期にあっては、暴動とは概ね白人が黒人をつるし上げるために起きた騒乱を指す。

イースト・セントルイス１９１７

１９１７年の5月から7月、イリノイ州イースト・セントルイスの騒動は20世紀のアメリカ史上、労働に関連した暴動の中でも最悪のものとされる。2～3千人に及ぶ白人労働者がイースト・セントルイスのダウンタウンを行進、通りにいた黒人を襲撃し市電に乗っている黒人も狙われ、ビルに火も放たれた。この憎しみには、黒人によって自分たちの職が奪われていると捉えた白人ブルーワーカーの怒りがあった。前月4月6日には米国はドイツに対して宣戦布告、第一次世界大戦に参戦したわけだが、軍需産業の増大に伴う人手不足は、折から大きなムーヴメントとなっていた、南部プランテーションからの脱出によって新たな仕事を求める黒人たちの要求と結びついた。白人労働者による賃上げストに向き合った経営者による、より安い賃金での黒人移住者雇用、このことが白人たちの気分に火をつけたのだった。

7月に入り黒のモデルT・フォードに乗った白人数名は黒人居住区に車を進め、通行人に発砲したが、そのあと黒人側が応戦、警官の死傷者が出た。この反撃に激怒した白人が黒人街に入り暴動状態となる。無差別の銃撃が起き銃口は女性や子どもにも向けられた。「南部から来たニグロはリンチに値する」と叫びながら黒人を吊るす。逃げる無力な黒人たち。州知事は州兵の動員を行ったが、黒人への襲撃に加担した者もいたということである。これらの暴動による死者は40人～２５０人とされる（当時ジャーナリストだったアイダB・ウェルズの記事による）。リンチは日茶飯事であり、ちなみにこの時期のリンチによる死者数は、１９１６年（50人）、１９１７（36）、１９１８（60）、１９１９（76）、１９２０（53）だった。ちょうどこの時ニューオーリンズに講演のためやってきていて、その支持を急激に広げつつあったジャマイカの民族主義者マーカス・ガーヴェイは、黒人労働力の南部からの流出、および中西部から北部都市における急激な人口流入に関してその動きを止めたいという要望を行政側から受けていた。

21世紀の現時点から見ると、この町は全米中の都市の中でも酷い貧困にあえぎ暴力に占拠されたようなイメージがぬぐえない。人口1万人あたりの殺人件数率からいうと、LAコンプトンの3倍もあるといえば、どれほどの治安の悪い町であるか想像もつくというものだろう（２０１０年代半ばで第一位だ）。現在では人口2

万数千、その98%までが黒人であり、ミシシッピ川及び鉄道の要衝として栄えた町も今は見る影もなくダウンタウンのかつての優美なビルも廃墟への道をたどっている。ブルースの温床ではあったが一般世界からはいわば忘れられた町。だが、制度的人種差別が形成されつつある時期に起きたこの騒乱は現代にまで至る、一皮剝けば黒人憎悪という実態を人々に意識させた、忘れがたい例と言えるだろう。

参戦とパンデミック拡散

気がつけば周囲は悪意に満ちた白人プランターであり工場主であった黒人にとって1917~18年の第一次大戦への参戦は、異なった世界観を得る好機ではあったはずだ。参戦後すぐに18才から45才の国民男子に兵役登録義務を課す法律が制定され37万の黒人兵が動員されることになる。1918年にフランスで戦った黒人だけの師団に対してドイツ軍は武器ではなく、言葉で黒人師団を惑わせようと試みたという逸話がある。独軍は前線にビラをまき黒人兵に武器の放棄を呼び掛けたが、そこには黒人の置かれた米国の状況を見据えるようにという言葉が躍っていた。「デモクラシーとは個人の自由のことであり、すべての市民が社会的にも、また法律的にも同じ権利を享受することである。諸君は自由とデモクラシーの国であるはずのアメリカで白人と同じ権利を享受しているのか。リンチなどの犯罪がデモクラシーの国の合法的な行為と言えるのか。なのになぜ、ウォール街の泥棒たちの利益を守るためにだけドイツ兵と戦うのか」(*2)。ドイツ人は自由とデモクラシーという大義のために黒人たちを助けよう、と言っていたが、戦線を脱する黒人兵はひとりもいなかったという。ウォール街の泥棒は、その頃よりはるかに規模を大きくして現代にも跋扈しているわけだが、アメリカ黒人の「愛国心」というものはやはり米国人であると同時に黒人であるというジレンマを常に抱えて生きるしかなかったことと密につながっている。この時期、20世紀初めの黒人指導者と言えばブッカーT・ワシントンであり、その白人社会との妥協的方向性に異を唱えたデュボイスということになるが、そのデュボイスさえ黒人同胞に戦争に加わりアメリカ人たらんことを発現せよ、と述べたことがある。デュボイスも発足時点でのメンバー(黒人唯一)であった全米有色人地位向上委員会(NAACP)の機関紙『クライシス』で「団結せよ」というタイトルのもとに1918年7月にこう書いた。

「戦争が続く限り、われわれはいかんともしがたい不平不満を忘れ、肩を組んで、デモクラシーのために闘っている白人の仲間や同盟国との隊列を詰めようではないか」

この主戦論は多くの黒人同士から批判を受けたが、反戦の立場を取っていたはずのデュボイスを一時的にせよ変節させるほど、この戦争によるヨーロッパ植民地主義壊滅が結果的に世界の有色人種、また米国内の黒人の解放につながるという思いがあったということになるだろう。デュボイスを今日でも読まれるべき黒人論（＊３）の著者として知らしめたといっても、黒人大衆の間ではブッカーT・ワシントンがやはり政府に対する黒人融和的姿勢の代表者として名声がずっと高かったと考えられるのは、ブッカーT・ホワイトやブッカーT・ジョーンズといったのちのミュージシャンの名前も示すところだ。このような状況から黒人でありアメリカ人であることの整合性として、また一級市民として認知されることへの期待から、世界大戦二つにおいて、黒人の愛国心は発揚されたと考えるべきだろう。また参戦した黒人たちにとっては、本国とは異なる自由な人種関係の存在を知って帰国したことも大きかった。フランス人と共に食事ができたし女性と行き来することもできた。１９２０年代になって録音されるようになったブルースには、その前の10年、20年の経験をベースとするものが含まれており、例えばキャノンズ・ジャグ・ストンパーズの〝ゴーイン・トゥ・ジャーマニー〟など、目の前の兵役に触発された曲と思われるが、帰還兵の言葉から別世界を感じ取ったのではないかと思われるようなブルースもある。同一歌詞パターンは他にもあるものの「国外のブルースは（≒海外の白人は）悪いもんじゃないっていう人もいる」（＊４）というチャーリー・パットンの言い方は、アメリカ白人しか知らない黒人たちの間で共有されていた。

デモクラシーと自由、まさにそれを求める元アフリカンの戦いは、19世紀末から20世紀の初頭にかけての反動メインストリーム、及びその制度に対する苦闘の歴史を振り返った上でこそ、現代のＢＬＭに至る潮流を含めて正確に捉えることができるのではないか。

このように、国外も国内も戦争状態のような中に忍び込んできたのが猛威をふるうことになるインフルエンザの世界的流行だった。実際のところ新たな感染症は戦争それ自体がもたらしたものであった可能性も強い。最初期の感染者が見出されたのは米国（カンザス州及びニューヨーク）、それとイギリス、フランス、ドイツであり、ヨーロッパの戦場から帰還した兵士によってアメリカに広がっていたことも考えられる１９１８年にこの流行がはっきりしたものの戦時下ではそんなことよりも戦争に勝つことが当然優先され、また医師や科学者の意見などほとんど無視されたため（いまも変わらず）、実際当時の全世界人口の実に１／３に近い５億人が感染し、死者はそれほど明確には統計上出てこないが、１７００万から５０００万人とされている。このうちアメリカの死者は67５千人ということなので、現在の新型コロナに比べると比率としてはかなり低い。しかし黒人の間ではそれほど感染者数が多くなく、これは白人の病気だという説さえ黒人の間にはあったようだ。その一要因として、黒人居住区という隔離が最初からされていたからではないかという説もある。

レッド・サマー１９１９　暴動と虐殺

第一次世界大戦が終わりを告げたのは１９１８年11月だが、帰還兵が本国で見たものは流行がさらに激しくなるこのインフルエンザ、それに伴う労働環境の悪化、そしてそこからも生じた人種間の対立であり、1919年の夏はレッド・サマーと呼ばれ（ジェイムズ・ウェルドン・ジョンスンの命名）、歴史上最悪の人種騒乱となった。この夏には全米で実に26もの「暴動」が記録されている。

7月27日の日曜日、シカゴ・ミシガン湖で泳いでいたユージン・ウィリアムズ少年は、越境の許されないカラー・ラインを超えてしまい白人に投石され溺れてしまう。言うまでもなくこうした場所でも白人のみ、ニグロはここまで、という区別が存在した（ミシガン湖には現在ウィリアムズのマーカーが建てられている）。ダウンタウンから黒人居住区サウス・サイド方向へやや下った29丁目だったとされるが、現場に到着した警官は暴挙に出た白人を捕えるわけでもなかったため不穏な空気となり、黒人による白人への暴行も起こった。この人種間のトラブルの話はすぐにサウス・サイドに広がっていった。夜になり白人居住区にたまたまいた黒人が白人集団に襲われ、刃物や銃による攻撃で負傷し、うち2名は死亡、50名以上が負傷した。

月曜朝の時点では嵐の前の静けさという状況だったが、夕方頃には一変、白人ギャングがストックヤード（屠殺場）から仕事を終えて帰宅しようとする黒人を襲い、さらに市電を襲撃、乗っていた黒人を引きずり出し暴行を加えた。これに対する反撃はサウス・サイドで起こり、このエリアで働く白人を黒人が襲うという事態になった。状況は悪化、夜が更けてくると白人暴徒は車で黒人街に入り走りながら黒人住宅に向けて発砲している。警察が事態を収めることができないことも明白になったが、警官の中には白人暴徒と一緒になって黒人攻撃に加わる者が出るという悪夢の再現となる。暴動は広がり州知事がようやく州兵を動員したのはやや落ち着きを取り戻した水曜の夜10時半になってからだったが、よく訓練された兵によって木曜から金曜にかけて、降雨と気温の低下もあって騒乱はようやく鎮まっていく。この暴動による死者は黒人23人、白人15人、負傷者は黒人342人、白人178人だった。

この結果、どちらにせよ両人種は調和を保って暮らすことなどできないという白人視点から、より強い人種隔離を求める要求も出た。それまで比較的人種の混住がされていたハイドパーク地域も黒人エリアが広がってゆく。ローデン州知事により作られた人種関係シカゴ・コミッション（白人6名、黒人6名からなる）は、その調査リポートによって、人種の隔離が生み出す、よりよい協調関係という考えを全く否定していたにもかかわらず、現実としてはそうなることはなかったということだ。（＊5）

1960年代に起こる「長い暑い夏《ロング・ホット・サマー》」をさかのぼること約半世紀、この年のレッド・サマーは大都市ワシントンDC（よく統制された武装黒人が中心におりこの組織が60年代の公民権運動の先駆けとなったと言われる）やサウス・カロライナ州チャールストンといった中都市だけでなく、テキサスのロングヴューのような小さな町にも波及していったが、米国史上でも最大級の虐殺が起きたアーカンソ

レッド・サマー――1919年のシカゴ人種暴動。

ー州イレインの事件は特筆に値する。デルタ地帯のブルースマンの足跡を逐一たどりでもしない限り出てこない名前だが、この虐殺のために黒人史の上に地名がのこる、今では人口３００余名の寒村である。

１９１９年の９月30日、白人プランターの収奪に業を煮やし、取り分の改善を求めようとする黒人シェアクロッパーたちがプログレッシヴ・ファーマーズ・アンド・ハウスホールド・ユニオンという組織を密かに作り会合を持ったところ、これを黒人たちの蜂起につながる密談だと捉えた白人数名が集会場の教会を襲い戦闘となり、保安官代理を含む死傷者が出た。翌日川を隔てたミシシッピ州を含む地域から数百人の武装した白人がイレインに集結、アーカンソー州知事に要請され州都リトルロックから派兵された州兵は治安の維持を装いつつ、またしても黒人襲撃の片棒を担いだと言われる。虐殺された黒人は実に２３７名、白人の死者は５人だった。このような人種間の暴力、圧倒的に多い人口を持つ黒人に対して白人が抱いた恐怖、またロシア革命の余波も受けて起こった事件という性格があったが、黒人蜂起の疑いから３００人に近い黒人が郡最大の町ヘレナの刑務所に送られるという、被害者が罪を問われるという状況となった。裁判では12名が電気椅子による死刑、65名が最長21年の刑期を言い渡されたが、最高裁で公正な裁判が行われてこなかったという判断のもとに刑は無効となるという正義がかろうじて勝つことになる。（＊6）

　和暦でいうなら大正８年であり、関東大震災の４年前という時期の米暗黒史。翌１９２０年に初めて現れた黒人歌手によるブルース・レコードが、男女関係を表面的には歌いつつ実はこの時期の人種間の軋轢、ポリス・ブルータリティのせめてもの抵抗として歌われた部分があったというように解釈されるようになってきた。（＊７）ブルースの父とされたW・C・ハンディは、南部農作地域等で歌われた民衆歌を拾い上げ、ブルースという歌謡としてメインストリームに受け入れられるよう画策を続けていた。ブルースの女王という呼び名さえもあるマリオン・ハリスを始めとする白人シンガーは、ブルースの音楽的特徴をいくぶんは取り入れ繕いながら、１９１０年代初めに楽譜として世の中に出てきたブルースというものを楽しんでいたように見える。彼女の「誰もかれもがいまわしいブルースに夢中（でもあたしはハッピー）」という１９１８年、暴動の真っ只中でリリースされた曲が当時の風潮、気分をよく表している。

　それから半世紀後の「長く暑い夏《ロング・ホット・サマー》」。音楽を通じて黒人問題と呼ばれたものに接した高校生の筆者にはいまとは違う小さな活字の新聞記事によって、またモノクロTVの映像によって、アメリカで起こっている騒乱が頭に刻み込まれた。ケネディ暗殺、カシアス・クレイ（モハメッド・アリ）の強壮ブラック・イメージ、死体でみつかる公民権運動家、マルコムXとイライジャ・ムハンマドの確執、ワッツ蜂起、給水栓ホースの水でなぎ倒される黒人デモ。〝ダンシング・イン・ザ・ストリート〟のヒットに胸躍らせても、それが黒人社会で持ち得る意味までつかめてはいなかったと思い返す。

　それからまた半世紀、「誰もかれもがいまわしいこの世の中を憂いている（だからわたしはブルー）」ということになるだろうか。ポリス・ブルータリティを契機として再燃したBLM運動、その契機もまた１００年前の黒人反乱に遡れるだろう。１９１７年のヒューストンで、白人警官が黒人婦人を家から引きずり出し、それに関連して自分たちの伍長が殺されたという噂によって起きた事件は、著しい差別のあるテキサスに進駐していた黒人兵の怒りを呼び、町のデモ行動から叛乱に進み、白人11名と警官５人の銃殺に至るものだった。１５０人ほどの兵を指揮した軍曹は自殺、兵士は軍法会議にかけられ、19人が絞首刑、41人が終身刑となったが、この軍法会議そのものが白人優位の中で性急に行われ不当なものだったとされている。この時代としては特異な反抗であり人間としての尊厳を直接行動で訴えたという、まさに蜂起であった。

　そしていま、構造的レイシズムとしてある種の負の文化ともなってしまった人種差別に対してどの程度のチェンジが、構造的変革が、もたらされるのか。１００年前と同様に感染症パンデミックによって経済活動が一層滞る。これもまた戦争によって拡大している。経済先行の国ほど蔓延していることからもわかるように、グローバルに展開される経済戦争である。この戦争のために人の命より優先して経済活動を行うことによって自国の勝利へと進まねばならない。１００年前には意識されなかったグローバリゼイションは、21世紀の国々に短期間のうちに容易に新型ウイルスを蔓延させることになる。スペイン風邪当時と違って黒人の間での感染率は高い。人種・所得格差のために職も家も失くしてゆくブラック・ピープル大衆層。もともとは経済の要請として導入されたアフリカ系奴隷だったが、数百年の時の経過は制度としてのレイシズム、白人優越主義を深く根付かせた。

1世紀前の世界規模の戦争、そして感染症の大流行、労働環境の激変、これらを受けて異質なものを排除しようとする力、これをホワイト・パワーなどと呼ぶのも背筋が寒いけれど、それらが向かった先の黒い肌とブラックの命だったが、異なった文化や肌の色を持つ人々に対して根本的な共生を模索しなくてはという思いがBLMのプラカードを持ってデモを行う白人たちの視線の先に見えるというのが一縷の望みとして感じられる。現実的にはおそらくそう遠くないうちに出現する史上初の黒人女性大統領（副大統領から浮かび上がるだろう）によってより根本的な改革が行われることを期待し、また予期するところである。米国の人種構成がやがて大きく変わり、白人人口が多数派ではなくなる時代の序奏が始まっている。

あらゆる声を上げ、歌わん
暗い過去から学ぶ、歌うは信仰に満つる歌
到達の地、殺されたる者の血、その流れる過去に踏み入らん
（＊8）

１００年前の騒乱期に黒人国歌となったこの曲が、黒人教会の扉を突き抜けて、単なる希望という程度の不確定なものではない地点に到達する。その時こそ黒人の尊厳があたりまえのこととして受け入れられる——１００年という時間の中で同じことを繰り返した歴史を振り返れば、そんな期待としての観測を持ってみたくもなろうというものである。

＊1 サム・チャットマン（１８９７－１９８３）の発言ミシシッピ・シークスの一員でありチャーリー・パットンの血縁とも言われる。Calt&Wardlow “King of the Delta Blues”より。
＊2 ジョン・ホープ・フランクリン『アメリカ黒人の歴史』（研究社出版）
＊3 W・E・Bデュボイス『黒人のたましい』木島・鮫島・黄訳（岩波文庫）１９３６年に有色人種（カラード）の国である日本を訪れた際、帝国ホテルのフロントで白人婦人を優遇しなかったホテルマンに感激した話が伝わっている。
＊4 Charley Patton “Down the Dirt Road Blues”(1929)
＊5 シカゴ暴動については主にAllan H. Spear “black Chicago – the making of a negro ghetto 1890-1920”を参照した。
＊6 www.smithonianmag.com
＊7 著『ブルース百歌一望』の「クレイジー・ブルース」の項でこの大胆な歌詞について触れている。
＊8 Lift Every Voice and Sing（ジェイムズ・ウェルドン・ジョンスン作）より。世代によってキム・ウェストン、メルバ・ムーア、ビヨンセといった女性シンガーの歌声が響いてくることだろう。

アメリカ黒人をめぐる話はパレスチナ問題にも似て、世界史におけるねじれであり、そして闇であるがゆえ、今回のBLMが世界に飛び火していることはムーヴメントとしてまったく正しい。そもそもは、彼ら・彼女らは仕事を求めて移住したわけではなく欧州の植民地主義によって、奴隷として勝手に連れてこられてきたのである。それはたしかに、黒人の問題というよりは世界史を作ってきた者たちの側の問題だろうけれど、そのねじれのなかで生まれた音楽（ブルース）が今日、（希望を込めて言えば）多くの人が思い抱いている大衆音楽というものの礎になっていることもまた、音楽を考える上で大きな意味を孕んでいる。それを普遍化して嚙み砕いていえば、社会に対する違和感を覚えている者たちに「そう思うおまえが違っているよ」ではなく、「そう感じているおまえが正しいんだよ」と言ってあげることができる貴重な拠り所として機能していると。

じつは特集のはじまりは、ジェフ・ミルズのザ・ベネフィシャリーズにあった。この新作についてのやりとりをフロリダに住むミルズ夫人である魚住洋子さんとしているあいだにジョージ・フロイド事件があり、その状況を知りたくて詩人のジェシカ・ケア・ムーアの取材（ウェブに掲載）をすることにして、そこからはジェットコースターのようにこの号に発展した。

BLMが世界に広がったとき、ちょうどときを同じく再開したイギリスのプロサッカー、プレミアリーグでは、選手たちは背中に、あるいは袖に、Black Lives Matter と書かれたユニフォームを着て試合をした。いつか日本も、こういうことが普通におこなわれる社会になれるのだろうか。（野田）

ele-king books

別冊ele-king　ブラック・パワーに捧ぐ

2020年9月9日　初版印刷
2020年9月9日　初版発行

編集　野田努＋小林拓音（ele-king）
thanks to James Hadfield, Yoko Uozumi

装丁　渡辺光子

発行者　水谷聡男
発行所　株式会社Pヴァイン
〒150-0031
東京都渋谷区桜丘町21-2 池田ビル2F
編集部：TEL 03-5784-1256
営業部（レコード店）：
TEL 03-5784-1250
FAX 03-5784-1251
http://p-vine.jp

発売元　日販アイ・ピー・エス株式会社
〒113-0034
東京都文京区湯島1-3-4
TEL 03-5802-1859
FAX 03-5802-1891

印刷・製本　シナノ印刷株式会社

ISBN 978-4-909483-68-3

万一、乱丁・落丁の場合は送料負担にて
お取り替えいたします。
本書の原稿、写真、記事データの無断転載、
複写、放映は著作権の侵害となり、禁じております。
©2020 P-VINE,Inc.